中学校社会サポートBOOKS

明日から使える！
必ず盛り上がる！

森口洋一 [著]

中学校社会科授業のネタ&アイデア117

明治図書

はじめに

「先生，また間違っているよ。もういい加減にしてよ！」
　黒板を見ると，漢委奴国王の委が倭になってしまっている。
　教師になりたての頃である。今思い出しても恥ずかしい限りだ。当然のこととして授業はやかましい。対抗策としてひたすら板書をすると，そのときだけは静かになる。でも板書が終わるとまた騒がしくなる。その繰り返しの日々。
　そんなある日，金閣と銀閣のカラー写真集を見せた。といっても本屋で購入したもので珍しいものではない。ただ当時の教科書の版は小さく（A5サイズ），図版写真も白黒だったので，興味をもってくれたようだった。そして「義満の時代の金閣は放火で焼けてしまい，今の金閣は再建されたものだよ。放火したのは誰だろう？　正解は金閣寺のお坊さんです」と話した。
　「まさか」と驚く子どもたち。
　金閣・銀閣の写真集をきっかけに，浮世絵版画や地券，金印や解体新書のレプリカといったモノ教材を集め始めた。生徒が興味をもちそうなエピソードも取り入れ，「社会科って面白い」と言ってもらえる授業を心がけた。
　モノとエピソードを中核にした授業が，「私の授業」になっていった。
　本書は，このような経験を生かして紡いできた様々な授業のネタやアイデアを集めたものである。117個のネタやアイデアは，生徒が楽しく学べ，かつ教科書の内容と結びついていることを心がけてつくった。少し角度を変えて物事を見てみると，ネタにできる素材は身の回りにゴロゴロと転がっている。ぜひ皆さんもオリジナルネタづくりに挑戦してほしい。この本がその際のヒントになれば，著者として望外の喜びである。
　最後になりましたが，怠惰な私を励まし，的確な助言を随所にくれて，一冊の本を編んでくれた，明治図書編集部の茅野現氏に感謝申し上げます。

　　　　　　　　　　　　　　　　　　　　　　　　森口　洋一

はじめに

1章 明日から使える！ 中学地理のネタ

1	ユダヤ人はなぜチーズバーガーを食べてはいけないのか	宗教と食事	10
2	時差を学ぼう	時差	11
3	英・中・"仏"語で学ぶ面白言語学入門	外国語と宗教用語	12
4	どっちがおいしい 中国の餃子 or 日本の餃子	アジア（中国）	13
5	鳥葬の国チベット	アジア（中国・チベット）	14
6	インドの激安車	アジア（インド）	15
7	マトリョーシカはロシアの伝統工芸品なのか？	アジア（ロシア）	16
8	イギリスEU離脱	ヨーロッパ	17
9	アイルランドとイギリス	ヨーロッパ（アイルランド）	18
10	楽しく学ぼうイタリア語入門	ヨーロッパ（イタリア）	19
11	こんなにあるアフリカ生まれの食べ物たち	アフリカ	20
12	とうもろこし大変身！	北アメリカ	21
13	ラッコは何を問いかけているのか	北アメリカ	22
14	オーストラリアに送られた少女	オセアニア（オーストラリア）	23
15	キリバスの国旗から学ぶ　〜日付変更線・水爆実験・地球温暖化〜	オセアニア（キリバス）	24
16	1974年の地図帳を覗いてみると	地図学習	25
17	三重県は近畿地方？ 中部地方？	地域区分	26
18	鳥取県西部地震ではなぜ死者が出なかったのか？	自然災害と防災	27
19	頑張って！ 路面電車	日本の交通網	28
20	日本と外国の空港名	飛行場	29
21	魚屋さんに弟子入り	水産業	30
22	石油はあと何年もつか	エネルギー問題	31
23	世界の国からやってきた力士たち	グローバル社会	32
24	「ゴム」と「絣」と「とんこつラーメン」のまち	九州地方	33

25	炭鉱労働者を支えたお菓子	九州地方	34
26	くまモンの経済効果	九州地方	35
27	「チキン南蛮」と「肉巻きおにぎり」のふるさと	九州地方	36
28	地方自治体ライバル物語　～島根県 VS 鳥取県～	中国地方	37
29	四国の中心都市はどこ？	四国地方	38
30	御堂筋と大阪の地名の由来に迫る	近畿地方	39
31	謎の乗り物 IN 名古屋	中部地方	40
32	地下鉄のホームから聞こえてくる曲は？	関東地方	41
33	どこからやってきた？　駅弁の中身	地域産業	42
34	企業城下町あれこれ	地域産業	43
35	プロ野球の親球団の変遷で学ぶ産業構造の変化	産業構造の変化	44

2章 明日から使える！ 中学歴史のネタ

1	世界最古の人類と日本最古の人骨	原始時代・人類の始まり	46
2	ギリシャ・ローマの神々	世界史・ギリシャ・ローマ文化	47
3	イエス＝キリストは，なぜ十字架にかけられたのか	世界史・キリスト教	48
4	抜歯はなぜ行われたのか？	縄文時代・縄文時代の風習	49
5	弥生人の故郷	弥生時代・大陸から日本へやってきた人たち	50
6	天皇陵の発掘調査は許されるのか	古墳・飛鳥時代・天皇陵の保存と発掘	51
7	消えた御坊山古墳と残った藤ノ木古墳	飛鳥時代・斑鳩の2つの古墳	52
8	いいくに？　いいはこ？ ～鎌倉幕府はいつ成立したのか？～	鎌倉時代・鎌倉幕府の成立	53
9	仏教宗派どこがどう違うの？	鎌倉時代・鎌倉仏教	54
10	北条氏はなぜ将軍になれなかっただろう	鎌倉時代・北条氏の執権政治	55
11	ユク河ノナカレハタエズシテ	鎌倉時代・鎌倉文化	56
12	金閣はなぜ放火されたのか？	室町時代・北山文化	57
13	犬を飼うへからす	室町時代・惣の掟	58
14	信長は関所を廃止し，楽市楽座を行ったのか？	安土桃山時代・信長の政治	59
15	本能寺は今も残っているのだろうか？	安土桃山時代・信長の一生	60
16	明智光秀はなぜ謀反を起こしたのだろう	安土桃山時代・信長と光秀	61
17	名古屋城の秘密	江戸時代・名古屋城	62
18	越中富山の売薬さん	江戸時代・地場産業	63

19	ペリーの出した料理	江戸時代・開国	64
20	「ゆりかもめ」に乗って　～幕末から明治への旅～	明治時代・砲台と鉄道	65
21	お雇い外国人大活躍	明治時代・文明開化	66
22	地券で学ぶ明治政府の財政改革	明治時代・地券	67
23	正露丸？　征露丸？	明治時代・日露戦争	68
24	「唱歌」と「童謡」どこが違うの？	明治・大正時代・唱歌と童謡	69
25	「旧朝鮮総督府庁舎」は保存すべきだったのか	明治時代・韓国併合	70
26	"死の病"結核と湘南地方	明治・大正・昭和時代・病の歴史	71
27	「東洋のマンチェスター」を支えたインドの綿花	昭和時代・日本の紡績業	72
28	「異国の丘」が聞こえますか	戦後史・シベリア抑留	73
29	ヤミ買いを拒んだ山口さん	戦後史・戦後混乱期	74
30	幻の仏像紙幣	戦後史・お札の公職追放	75
31	「上を向いて歩こう」と60年安保	戦後史・60年安保闘争	76
32	沈めてよいか，第五福竜丸	戦後史・ビキニ水爆実験	77
33	シャープで学ぶ戦後家電史	戦後史・家電製品の普及	78
34	1964年のオリンピックとは何が変わったか	戦後史・東京オリンピック	79
35	リンカンは奴隷解放の父なのか？	世界史・奴隷解放宣言	80
36	"チコ"はなぜ故国に戻れなくなったのか	世界史・キューバ革命とプロ野球	81
37	ベルリンの壁で学ぶドイツ現代史	世界史・ドイツの分裂とベルリンの壁	82
38	洋菓子が奏でる歴史	世界史・洋菓子と歴史	83

3章　明日から使える！　中学公民のネタ

1	米ヤフーとヤフージャパン	情報化・国際化	86
2	リンゴは何色？　太陽は？	異文化理解	87
3	トヨタと日産のエコカー対決	環境問題	88
4	生活の中に見つけた囲碁用語	日本の伝統文化	89
5	旧民法が現代に生きていたら？	憲法学習	90
6	松本サリン事件を通して新聞の犯罪報道を考える	マスコミ報道のありかた	91
7	在職中に子どもを産んだ国会議員はいるのか？	男女共同参画社会	92
8	タレント議員	国会	93
9	総理大臣面白クイズ	総理大臣	94
10	地域限定政党ってあるのかな？	政党政治	95

11	「命名権」ビジネス……………………………………… 地方財政の現状と課題	96
12	司法制度　これだけは知っておきたい	
	～検察・弁護士・国家補償～ ……………………………… 司法制度	97
13	裁判官も裁判にかけられることがあるのだろうか？………… 司法制度	98
14	2ドル札の肖像画は誰？ ……………………………………… アメリカの政治	99
15	自動車会社の社名の由来は？ ………………………………… 企業学習	100
16	レジャー産業今昔物語 ………………………………………… 第三次産業	101
17	「株主優待」で生きた経済を学ぶ ……………………………… 株式会社	102
18	コンビニの秘密 ………………………………………………… 流通業	103
19	ビール会社で学ぶ経済 ………………………… 独占・寡占・企業のメセナ活動	104
20	消えた企業・消えたカリスマ経営者 ………………………… 経済史	105
21	平成版　JAPAN AS NO.1？ ………………………………… 現代経済	106
22	ユダヤ人ビジネス　～映画・テレビそしてICT～ ………… グローバル経済	107
23	TPPって何？ …………………………………………………… 貿易	108
24	クローズアップ　労働者の権利 ……………………………… 労働問題	109
25	チッソの歴史 …………………………………………… 企業活動と環境問題	110
26	「ふるさと納税」と地方の活性化 …………………………… 租税制度	111
27	医療費援助制度 ………………………………………………… 社会保障	112
28	ヨーロッパの医療福祉は本当に進んでいるの？ …………… 社会保障	113
29	英語の知識と成り立ちで名称を覚える ……………………… 国際機関	114
30	日本を救ったララ救援物資 …………………………………… 国際協力	115
31	難民選手団の10人の選手たち ………………………………… 難民選手団	116

4章 明日から使える！ 授業づくりのネタ

1	地図は地理の授業で使うのみにあらず ………………………………………	118
2	芸能ネタで迫る社会科授業 ……………………………………………………	119
3	時代背景を大切にした歴史授業を ……………………………………………	120
4	これですっきり間違いやすい歴史人物・用語 ………………………………	121
5	ニューギニアに消えた大叔父　～軍歴証明は語る～ ………………………	122
6	修学旅行の事後学習　～オリンピック作戦と鹿児島～ ……………………	123
7	課題学習　～我が家のお雑煮調べ～ …………………………………………	124
8	思考力育成サプリメント①　地理編 …………………………………………	126

9	思考力育成サプリメント②　歴史編……………………………………	127
10	思考力育成サプリメント③　公民編……………………………………	128
11	教科書研究の丸秘アイデア………………………………………………	129
12	研究授業活用法……………………………………………………………	130
13	教師のうっかり間違い集…………………………………………………	131

主要参考文献・サイト

1章

明日から使える！
中学地理のネタ

| 地理 | 世界各地の人々の生活と環境 | 宗教と食事 |

1 ユダヤ人はなぜチーズバーガーを食べてはいけないのか

> 食べ物の禁忌として、ヒンディー教の牛肉、イスラム教の豚肉は生徒もよく知っている。ではユダヤ教で禁じられている食べ物は何だろう？ 単にタブー視されている食べ物名を教えるだけでなく、その由来も考えさせたい。

💡 ユダヤ人が食べないハンバーガー

「ユダヤ教徒は、ある種類のハンバーガーを食べてはいけません。何バーガーでしょうか。ビーフ、チキン、魚、チーズ……どれかな？」と聞き、次のように授業を進めていきます。

「チキンはOK。ビーフも魚もいいけれど、チーズバーガーはダメです。ユダヤ教では『子ヤギをその母の乳で煮てはいけない』という聖書の教えを、肉＝子　乳製品＝母ととらえます。母の乳で子を煮るのは残酷だとして、肉と乳製品を同時に食べてはいけない、親子関係にある食物を食べてはいけないと、拡大解釈されています」

「『親子丼は食べてもいいの？』という声がありましたが、ダメです。でもユダヤ人は親子丼食べるのかな。エラやうろこのない魚も食べてはいけません。うろこのない魚ってどんなものがあるかな？　ウナギ、貝類やタコ、イカ、エビもダメです」

「『食べられないものが多くて嫌だな』という声がありました。これではユダヤ人と一緒に回転寿司は行けないね。それから豚肉も食べてはいけないから、テリヤキバーガーもダメです。でもお酒はOKです」

「イスラム教にも食べてはいけないものがあります。ブタを食べてはいけないというイスラム教の教えは、実はユダヤ教から伝わったものです。でもお酒はユダヤ教ではいいけどイスラム教はダメというところは違っていますね」

| 地理 | 世界の地域構成 | 時差 |

2 時差を学ぼう

時差の学習と言うと，「経度15度で1時間の時差」であることを説明し，「東京とロンドンの時差を求めてみよう」で終わりになりがちだ。楽しく時差を学ばせ，世界認識を広げさせるネタである。

💡 世界の標準時あれこれ

　世界標準時となっている経度0度は，なぜロンドンを基準にしているのでしょうか。それは，1884年に開かれた国際子午線会議の投票で，ロンドンのグリニッジ天文台を通る経線を経度0度とし，本初子午線とすることが決められたからです。ちなみに，日本とロンドンは9時間の時差ですね。では，日本と時差のない国はどこでしょうか。理論的には日本と同じ東経135度が通っている国（オーストラリア，ロシア，ニューギニアなど）ということになりますが……。

　オーストラリアは国土が広いので，東部，中部，西部の3つの標準時があります。東経135度は中部地方を通りますが，ここでは142.5度が標準時となっているので，日本より＋30分になります。東部は日本より＋1時間，西部は－1時間です。世界最大の面積をもつロシアは，11の標準時があり時差も10時間あります。そのうちヤクーツク時間は日本と時差がありません。インドネシアに含まれるニューギニア西部，パラオ，韓国も日本との時差がありません。では，中国はどうでしょうか。中国は世界で4番目に広い国ですが，国内の時差がありません。日本の標準時はどこを通っているのでしょうか。東経135度＝明石というイメージが強いですが，東経135度は明石だけを通っているのではありません。京都府京丹後市，兵庫県西脇市・淡路市，和歌山市なども通っています。明石市はいちはやく標識をつくったり，天文科学館を建設して知名度を高めました。

| 地理 | 世界各地の人々の生活と環境 | 外国語と宗教用語 |

3 英・中・"仏"語で学ぶ面白言語学入門

漢字は日本と中国の意味の違いを，英語はふだんの授業とは一味違う切り口で和製英語の奇妙さを，仏教用語は日常使われている意味とは違う本来の意味をそれぞれ楽しく学ぶネタである。

💡 こんなに違う本当の意味

　日本語と中国語は，同じ漢字でも大違いです。授業では，「どういう意味かわかるかな？」と言いながら「灌腸」と板書します。下品な話が好きな生徒たちは大騒ぎ。しかし，灌は「注ぎ込む」，腸は日本語と中国語は同じ意味なので，「灌腸」は中国語では腸に肉とデンプンを混ぜて注ぎ込む「ソーセージ」の意味になります。また「野菜」が「野生の草」，空手が「てぶら」になります。さらに，「小生」は「若い二枚目俳優」の意味になります。中国で知らずに使うと大恥です。

　「あなたは無学ですね」と言われて喜ぶ人はいません。しかし仏教用語の「無学」は，学ぶべきものがもうない，学びを究めた境地のことを言います。「我慢」も元は仏教用語で，「我」は自分に執着すること，「慢」は慢心を表すので，「自分の力を過信しうぬぼれること」の意味です。日常では「もっと我慢しなさい」などと使うことが多いですが，本来の仏教用語とは逆の意味で使われているわけです。

　最後は英語です。ムーディーは「気むずかしい」，トレーニングパンツは，「幼児の排泄しつけ用パンツ」。ジュースは「100％果汁のもののみ」をさすそうです。バイキング料理は生徒たちに大好評。しかしI like viking. とvを正確に発音すれば，「私は海賊が好きです」となる。vをbの発音にしてしまい，I like bikingなら，「私は自転車に乗るのが好きです」となってしまう。

| 地理 | 世界の諸地域 | アジア（中国） |

4 どっちがおいしい 中国の餃子 or 日本の餃子

餃子といえば生徒たちの大好物。餃子の故郷は中国のどの地域？　日本にはいつごろ広まったの？　中国と日本の餃子はどこが違うの？　日中の歴史や食文化の違いを，餃子を通して学ぶネタである。

餃子で学ぶ日本と中国の文化

「中華料理にはどんな料理がありますか」と尋ねます。ラーメン，チャーハン，シュウマイ，餃子，麻婆豆腐……と発言させます。

その後，「みんなが餃子を食べるときは，どんなものを一緒に食べますか」と問います。「ご飯」「ラーメン」「チャーハン」といった反応が出たところで，「中国では餃子とご飯は一緒に食べません。なぜならおかずとしてではなく，主食として餃子を食べているからです。季節の行事や祝い事があるときには，家族みんなで餃子づくりをして，お正月にも餃子を食べます」と説明します。

餃子はもともと中国の北部地域の食べ物でした。満州地方などがある北部は，気候が冷涼で米作に適していなかったのです。米に比べると寒さに強い小麦を育て，餃子の皮にしたのです。では，餃子が日本に広まったのはいつ頃でしょうか。太平洋戦争が終わった後に，満州から引き揚げた日本人が伝え広まったそうです。戦前に華僑と呼ばれる人達が中華料理を日本に伝えましたが，出身地は福建省，広東省など南部が多かったので，餃子が日本社会に広まるのは戦後になってからです。

日本と中国では餃子のつくり方が違います。どこが違うのでしょうか。中国では水餃子が一般的で，残ったときに焼き餃子にします。日本では水餃子より焼き餃子をよく食べますね。おかずとして食べるには，焼き餃子の方が合うからです。

| 地理 | 世界の諸地域 | アジア（中国・チベット） |

5 鳥葬の国チベット

> チベット仏教の葬式に鳥葬というものがある。遺体が鳥葬台に運ばれ，鳥葬師により儀式がとりおこなわれる。亡骸をハゲタカに食べさせることで，魂が天国に運ばれると信じられている。さて生徒たちの反応は？

💡 チベットの鳥葬

　生徒たちに鳥葬を紹介すると「野蛮だ」という反応。「でも日本で行われている火葬はどうなのだろう。遺体を石油で焼く火葬は，野蛮じゃないのかな」と質問し再考させます。「鳥葬では人間の遺体がハゲタカに食べられることにより，鳥となって蘇り大空へ魂が運ばれていくと信じられています。焼いて灰になる火葬よりもロマンチックじゃないかな」と話します。

　そして「他にどんな葬式を知っているかな？」と言って，話を広げます。「土葬」「ミイラ」「土葬は死んだ人が近くにいるような感じがするからいい」「火葬の場合は遺灰しか手もとに残らないから寂しい」「火葬は灰になってしまい死んだ人はもう戻ってこないということがよくわかる。悲しいけどすっきりする」「ミイラは博物館などに保存されてじろじろと見られるので嫌だ」といった声が出ます。次に「水葬って知っているかな？　水葬は航海中の船員が亡くなったときに重しをつけて海に投げ入れる葬式だけど，どう思いますか」と投げかけると，「鮫に食べられてしまうから嫌」「鳥葬では鳥になるけど，鮫にはなりたくない」と，いつのまにか討論は広がっていきます。

　最初から火葬・土葬・水葬・鳥葬を並列して，どれがいいとか嫌だとか問うのは平凡です。最初に生徒たちが反発しそうなものを取り上げ，再考させ，議論を広げていくという流れでいくと討論が盛り上がりやすいです。

　誰にも必ずおとずれ，避けることが出来ない死。取り上げるのを避けるのではなく，向き合わせることで「命」を考えさせたいものです。

地理　世界の諸地域　　　アジア（インド）

6　インドの激安車

インドの経済発展がめざましい。しかし日本ではインド企業についてはほとんど知られていない。スズキ自動車とインド政府の合弁企業マルチスズキの活躍やタタ自動車のナノを紹介して，インド経済に関心をもたせたい。

💡 インドのやばい（⁉）車

　2009年にインドのタタ・モーターズが発売した車「ナノ」が大きな話題になりました。タタ・モーターズはインドのタタ財閥の一員です。
　なぜ話題になったのでしょうか。「スピードが速い」「自動運転」「水陸両用」など，選択肢をあげてクイズを出します。
　正解は「値段が安い」です。いくらでしょうか。標準グレードは当時のレートで約28万円でした。ところが日本ではあたりまえと思われる装備がありませんでした。何がないのでしょうか。エアバッグ，カーナビ，エアコン……。それだけではありません。バックドア，助手席側のドアミラーもありません。また，ワイパーも1本だけだったのです。

💡 日本企業とインド政府の合弁会社

　インドでシェア1位の自動車会社は，マルチスズキです。日本の自動車会社のスズキとインド政府の合弁企業で，40.4％のシェアをもっています。（2016年7月現在）。1984年に発売開始された主力車マルチ800は，インドで一番よく売れた国民車で，価格は日本円で32万円でした。そのマルチ800に対抗するために地元のタタ自動車が発売したのが，ナノだったのです。
　インドは平均所得が高くないので，安くて燃費のよい軽自動車が人気の的です。世界のトヨタもインド国内ではシェア6位にとどまっています。

| 地理 | 世界の諸地域 | アジア（ロシア） |

7 マトリョーシカはロシアの伝統工芸品なのか？

> 生徒に100％うける実物教材がある。マトリョーシカである。ただし次々と中から取り出して終わりでは教材とは言えない。その由来や描かれている人物も中学生にわかるように紹介し教材化してみた。

💡 マトリョーシカの故郷とロシアの指導者たち

マトリョーシカはロシアの伝統工芸品のようなイメージがありますが，実は箱根の入れ子細工がルーツです。箱根にあるロシア正教の避暑施設にやってきた修道士が本国にお土産として持ち帰っ

たのが，ロシアでマトリョーシカがつくられるようになったきっかけだそうです。しかし箱根では継承者が減り，生産が難しくなっています。一方ロシアでは，マトリョーシカづくりが盛んになっています。私の購入したマトリョーシカは，中から次々と歴代のロシア（ソ連）の指導者たちが登場します。

ピョートル1世（大帝）	1682年から政治を執る。皇帝となりバルト海への進出を果たす。
エカテリーナ2世	ピョートル3世妃。1761年に夫を倒して即位。
ニコライ2世	帝政ロシア最後の皇帝。1894年に即位。来日時に大津事件が発生。ロシア革命により退位，銃殺される。
レーニン	ロシア革命の指導者。遺体は現在も保存されている。
スターリン	名前は鋼鉄の人を意味。1922年から死亡する1953年まで共産党書記長。ヤルタ会談やポツダム会談にもソ連を代表して出席。ロシア人ではなくユダヤ系でグルジア（現ジョージア）の出身。独裁政治を行い反対派を弾圧した。
ゴルバチョフ	ペレストロイカという改革を打ち出し，初代大統領に就任しノーベル平和賞も受賞したが，1991年のソ連崩壊に伴い辞任。
プーチン	現在の大統領でもある実力者。

| 地理 | 世界の諸地域 | ヨーロッパ |

8 イギリス EU 離脱

イギリス EU 離脱のニュースは，世界各地に大きなショックを与えた。しかしイギリスと EU の過去の関係をさかのぼり見ていくと，「やはりそうか」と納得してしまう部分もある。EU 離脱の原因とその影響を考える。

💡 EU 離脱の原因と今後の影響

　イギリスが国民投票で EU 離脱を決定しました。次にあげる著名人の中で，EU 離脱に賛成した人は誰でしょうか。また，何人いるでしょうか。キャメロン首相（与党の保守党党首兼任），ロンドン市長，財務大臣，中央銀行総裁，労働党党首（野党第一党），J. K. ローリング（ハリーポッター作者）。正解はゼロ。政財界の指導者たちは，ほとんどが離脱反対派でした。

　争点の一つは移民問題でした。ONS（英国家統計局）によると，2015年の英国への移民は33万3000人で前年を２万人上回りました。移民が病院に押し寄せイギリスの優れた医療サービスを低下させ，英語のできない移民の子どもが学校を混乱させているというのが EU 離脱賛成派の言い分です。

　しかし，EU を離脱すると，世界の金融の三大中心地の一つであるロンドンから EU 内に各国の金融機関が移転し，ロンドンがその地位を失う可能性があります。また，トヨタなどの日本の自動車会社にとっても，イギリス国内で現地生産した車を EU 加盟国に輸出する際に，関税がかけられる恐れがあるのです。さらに，スポーツでも，イングランドのサッカープレミアリーグで活躍する選手に労働許可が出ない場合があると言われています。

　イギリスは EU の前身の EC には途中から参加し，EU には当初から加盟しているものの通貨統合には加わっていませんでした。ユーロではなく自国の通貨ポンドを使用してきました。そのような歴史を考えると，EU 離脱もそう驚くべきことではないのかもしれません。

| 地理 | 世界の諸地域 | ヨーロッパ（アイルランド） |

9　アイルランドとイギリス

アイルランドのことをイギリスの一地方だと誤解している生徒が多い。アイルランドの歴史やアイルランド人を紹介しながら，アイルランドとイギリスが別の国であることを印象づけたい。

💡 イギリスの領土の範囲は？

　①グレートブリテン島のみ　②グレートブリテン島とアイルランド島すべて　③グレートブリテン島とアイルランド北部
　正解は③です。アイルランドはなぜ，すべて英国領ではないのでしょうか。
　12世紀アイルランドに侵入したイングランドのヘンリー2世はアイルランド王を称し植民地支配を始めます。その後，アイルランドは1801年に併合されます。その後イギリスからの独立を求める運動が高まる中，1922年に北部アイルランドを除いて自治領の地位を認めさせ，1937年にはエールという国名で独立宣言，1949年にはイギリス連邦を離脱し現在の国名となります。
　アイルランド島の中は分裂していて，北アイルランドは英国領，その他の地域はアイルランドという独立国なのです。しかしラグビー世界大会では，アイルランドは統一チームとして出場します。
　さて，そんなアイルランドは漢字ではどう表記するのでしょうか。愛蘭土です。アイルランド系として有名なのがアメリカのケネディー元大統領。ビートルズのジョン＝レノン，ポール＝マッカートニー，ジョージ＝ハリスンもアイルランド人をルーツにもちます。世界一を集めたギネスブックは，アイルランドのビール会社のギネスが始めたものです。「君が代」の初代作曲者フェントンもアイルランド人です。ただし林廣守により新しく作曲されたものに取って代わられました。『怪談』で有名なアイルランド人は？　小泉八雲ことラフカディオ・ハーンです。

| 地理 | 世界の諸地域 | ヨーロッパ（イタリア） |

10 楽しく学ぼうイタリア語入門

身の回りにあふれる外来語。英語ばかりかと思いきや，意外と多いのがイタリア語。戦争中の誤解，お馴染みのスパゲッティやピザなどを取り上げながら，楽しくイタリアを学ぶネタである。

意外に多いイタリア語由来の言葉

　太平洋戦争が始まり，鬼畜米英をスローガンに日本は戦います。敵性語である英語の使用は好ましくないとされ，英語の名称は次々と改名されます。野球のストライクは「よし」，鉛筆のHBは「中庸」，時計をつくっていたシチズンは大日本時計，ゴールデンバットは金鵄（きんし）に，音階のドレミもハニホを使用するようになります。しかしドレミは英語ではなくイタリア語で，イタリアと日本は三国軍事同盟を結んでいた友好国でした。ドレミの唄という曲があります。ペギー葉山さんの訳詞では，ドはドーナツのド，レはレモンのレと歌われていますが，イタリア語のdoは「私は与えます」reは「王様」，miは「私に（を）」faは「彼（彼女）は行います」，solは「太陽」，làは「あちら」，siは「はい」を意味します。

　生徒たちに「みんなの好きなイタリア料理をあげてみよう」と問うと，「スパゲッティ」「ピザ」などという声があがります。スパゲッティとは，実は1.9mmの太さの麺のことです。ちなみにスパゲットーニは2mm，スパゲッティーニは1.6mm，フェデリーニは1.3mm～1.5mmのものを言います。

　では，ピザにはどんな種類があるのでしょうか。マルゲリータはイタリア王妃の名前に由来し，バジルは三色旗の緑，トマトは赤，モッツアレラは白を表しています。ペスカトーレは漁師のことで，魚介類がふんだんに使われています。半熟卵が乗っているビスマルクは卵料理が好きだったドイツの鉄血宰相に由来します。

| 地理 | 世界の諸地域 | アフリカ |

11 こんなにあるアフリカ生まれの食べ物たち

教科書の中ではアフリカの飢餓，紛争，モノカルチャー経済といった問題点がクローズアップされ，プラスイメージを抱かせる内容が少ない。アフリカに親しみをもたせることを目的につくったネタである。

💡「アフリカ生まれの食べ物たち」と「ピカソ」

　コーヒー，すいか，オクラの写真を黒板に貼り「これらは原産地がある地域のものばかりです。どこだろう？」と尋ねます。生徒からは，「南アメリカ」「東南アジア」「インド」といった反応が出ますが，正解はアフリカです。

　コーヒーといえばブラジルのイメージが強いのですが，実はアフリカが原産地です。タンザニアとケニアの国境には，コーヒーブランドで知られるキリマンジャロという山がありますが，コーヒーの原産地はエチオピアです。アラビア半島を経て15世紀ごろにヨーロッパに伝わりました。エチオピアでは豆だけでなく，コーヒーの木の枝や葉も炒って飲んでいたそうです。

　オクラは，ナイル川上流からエチオピアにかけての地域が原産地です。西アフリカで「ンクラマ」と呼ばれていたのが英語の okra となり，そのまま日本語化したそうです。幕末に日本に伝わりました。最近ではサラダや酢の物に使われます。よく見かける緑色以外に黄色や紅色のものもあるそうです。

　スイカはアフリカ西南部に野生種があり，北部で栽培化されました。西域から中国へ，中国から日本へと伝わったことから，漢字では西瓜と書かれています。ただし現在日本で流通しているものは，明治時代にアメリカから導入された「アイスクリーム」という品種の流れを汲みます。

　美術の世界では，20世紀初頭パリでピカソやブラックが始めたキュビズム（立体派）と呼ばれる美術運動が，アフリカの黒人彫刻に影響を受けていることがよく知られています。

| 地理 | 世界の諸地域 | 北アメリカ |

12 とうもろこし大変身！

地理授業で「世界一のとうもろこし生産国は米国」と教えるだけでは面白くない。とうもろこしといえば，祭りで売られている焼きとうもろこしを思い出すが，実にさまざまな用途がある。トウモロコシは何に化けているのか？

💡 とうもろこしからつくられるもの

　まずは，ケロッグのコーンフレークを見せ，「これは何だろう。何からできているのだろう」と問い，次のように授業を進めていきます。
　「そう，コーンフレークですね。トウモロコシからつくられます。アメリカ人の朝食には欠かせません。では，世界最大のとうもろこし生産国はどこの国でしょうか。アメリカです。世界最大のとうもろこし輸出国もアメリカです。では『とうもろこし』からつくられているものをどんどんあげてみましょう。教科書も見てみましょう」
　「ポップコーンは，映画を見ながら食べますね。塩味だけでなく最近は変わった味のものもあるようです（味の話は盛り上がるが，適当なところで切る）。ポップコーン用のとうもろこしは完熟の子実をフライパンで加熱します。粒の中のでん粉が爆発（ポップ）するとできあがりです」
　「バイオエタノールの話も教科書に出ていますね。コーンスターチもとうもろこしからつくります。コーンスターチという名前は馴染みがないかもしれないけど，とうもろこしからつくったでん粉のことです。プリンやカスタードクリームの『とろみ』や，工業用のりなどに使われます。最近では小麦粉と混ぜて，食べられる食器もつくられています。メキシコ料理のタコスの皮もとうもろこしの粉を焼いたものです。とうもろこしはアメリカ大陸が原産地です。関西では「なんば」とも呼びます。とうもろこしが南蛮人により伝えられ，南蛮きびと呼ばれたことに由来します」

| 地理 | 世界の諸地域 | 北アメリカ |

13　ラッコは何を問いかけているのか

愛くるしい仕草で水族館の人気者のラッコ。しかしラッコには毛皮を目当てに乱獲された悲しい歴史がある。ラッコを通して，地理ではあまり取り上げられない北太平洋地域に目を向けさせ，動物保護についても考えさせる。

💡ラッコはなぜ絶滅危惧種になったのか

　ラッコはどこに生息しているのでしょうか。ラッコが盛んに毛づくろいするのはなぜでしょうか。おしゃれだからでしょうか。また，なぜ背泳ぎのようにお腹を上にして，足を出して浮いているのでしょうか。

　ラッコは，北太平洋のアリューシャン列島やアラスカ湾に生息しています。毛づくろいするのは，毛の中に空気の層をつくり寒さを防ぐためです。足の裏には毛が生えていないので，浮いているときは足を出しています。

　では，そんなラッコの好物は何でしょうか。生徒たちに聞くと，「アワビ，ウニ，カニ，ホタテ貝，はまぐり…。おいしそう。贅沢！　食べたいなあ。ヒトデも食べるよ。それはいらないよ」などと盛り上がります。イタチ科であるラッコは脂肪が少ない海の生き物です。厳寒の地で生き抜くために，大食いをして体温を維持します。貝殻はどのようにして割るのでしょうか。答えは，「お腹に石を置いて貝殻を割って食べる」です。賢いですね。

　18世紀ロシア皇帝の命を受け北大西洋探検に乗り出したベーリングは，カムチャッカ半島，アリューシャン列島を経由しアラスカに到着。しかし帰路にアバチャ島で息を引きとります。その島はラッコの大繁殖地でした。ベーリング海という地名は彼に由来しています。そして毛皮を求め乱獲が始まります。ラッコの毛皮は毛が密集して手触りがよく，中国やヨーロッパで最高級品として扱われ，日本でも秀吉や家康に献上されていました。ラッコは乱獲のため絶滅の危機に瀕し，現在では絶滅危惧種に指定されています。

| 地理 | 世界の諸地域 | オセアニア（オーストラリア） |

14 オーストラリアに送られた少女

外国為替業務を行う銀行が増え，オーストラリアの紙幣も手軽に手に入るようになった。オーストラリアの20ドル紙幣（ポリマー製なので「紙幣」は変かな？）に描かれているマリーライビーとはいったいどんな人だろう？

💡オーストラリアの20ドル札

「この人は誰だろう」と尋ねても，沈黙。ほとんど誰も知りません。

「マリーライビーという女性です。オーストラリアの20ドル札の表面に描かれています」と説明し，「お札に描かれているということは，どんな人だろう」と尋ねると，「偉い人」などという声が出ます。そこで，「実はこの人は，元囚人です」と伝えます。生徒からは（えっという反応）「何か悪いことをしたの？」という質問が出るので，次のように解説します。

「1777年生まれのマリーライビーは，幼少時に両親を亡くし祖母に引き取られるのですが，14歳のときにその家を脱走し馬を盗んだ罪で懲役7年の刑を受け，オーストラリアのサウスウェールズに送られます。

英国は1770年まで米国を流刑地にしていましたが，独立戦争の影響でさばききれなくなり，1776年からオーストラリアが流刑地に加わっていたのです。マリーは17歳のときにトーマスライビーと結婚します。トーマスは貨物業を軌道に乗せ，彼の死後はマリーが事業を引き継ぎ倉庫業にも進出。女性の大実業家として知られることとなります」

ちなみに裏面には「フライングドクター」の創始者であるジョン・フリンが描かれています。

| 地理 | 世界の諸地域 | オセアニア（キリバス） |

15 キリバスの国旗から学ぶ
～日付変更線・水爆実験・地球温暖化～

ロマンチックなデザインの国旗をもつキリバス。太平洋に浮かぶサンゴ礁でできたこの国を通して，日付変更線，水爆実験，地球温暖化問題を学ばせることが可能だ。また日本との接点についても考えさせたい。

💡 ロマンチックな国旗

国旗を見せて「どこの国の国旗だろう。ヒント…赤道が通っているよ」とクイズを出します。「正解はキリバスです。では，真ん中の黄色いイラストは何を表しているのかな」と問うと，「太陽」という答えが出るので，「青と白の線は？」「波」，「太陽の上を飛んでいるのは？」「かもめ」と続けて尋ねます。

「キリバスは中部太平洋に浮かぶ島国。ギルバート諸島，フェニックス諸島，ライン諸島から成っています」と説明し，「キリバスには赤道以外もう1つ通っている線があります。何でしょうか」と尋ねます。「日付変更線」という答えが出たら，「よく見るとどうなっているかな？」「なぜ曲がっているのだろう？」と一つ一つ確認していきます。

💡 ライン諸島のクリスマス島

この島に到着したキャプテンクックが，クリスマスをここで過ごしたことから呼ばれるようになりました。リン鉱石が発見されたキリバスを，英国が植民地にしますが，太平洋戦争開始直後に日本が占領しました。戦後クリスマス島は英米の水爆実験場になりました。現在は地球温暖化の影響で海面が上昇し，サンゴ礁でできている標高の低いキリバスの島々は水没の危機にさらされています。最大の貿易相手国は日本で，冷凍したマグロやカツオを輸出しています。日本の衛星追尾用レーダー施設がクリスマス島にあります。

| 地理 | 日本の地域構成 | 地図学習 |

16 1974年の地図帳を覗いてみると

私の手元には1974年発行の地図帳がある。中学生のときに使っていたものである。当時は熱心に見た記憶はないが，今見てみると時代の変化が読み取れて面白い。社会科教師は古い地図や地図帳を大切にしたいものだ。

💡 1974年へタイムスリップ

「この地図は先生が中学生のときに使っていたものです。気づいたことをあげよう」と，まずは問います。「ミャンマーがビルマになっている」「ベトナムが南北に分かれている」といった発見が出されます。そこで，「南ベトナムの首都は」と問い，「サイゴン」とみなで確認し，「ベトナム統一後は初代大統領の名前をとり，ホーチミン市に改名されているよ」と解説をします。

次に「インドの南にスリランカという島国があるけどわかるかな」と確認させ，次のように説明します。「以前はセイロンという国名でした。セイロンティーって聞いたことあるでしょう。そのスリランカの当時の首都はコロンボです」。

次に，「現在の首都は？　みんなの地図帳を見て」と指示します。生徒が確認したところで，『スリジャヤワルダナプラコッテ』，長い名前ですね。スリはスリランカのスリと同じで『光り輝く』という意味です。ジャヤワルダナは大統領の名前，プラは都市，コッテは旧地名です」と説明します。

最後に，「ヨーロッパを見てみよう」と指示すると，「ドイツが東ドイツと西ドイツに分かれている」といった発見があります。「ベルリンはどちらの首都？　東ドイツだね。西ドイツの首都は？　ボンだね。ボンは馴染みがないと思うけど，ベートーベンがこの都市の出身です。逆に現在は分かれているけど，一つの国になっているのは？　チェコスロバキアですね」と，作業を入れながら話を広げていきます。

| 地理 | 日本の地域構成 | 地域区分 |

17　三重県は近畿地方？　中部地方？

三重県は近畿地方？　それとも中部地方？　生徒からよく出てくる質問である。教科書では近畿地方に分類されているが，すっきりとしない。そこで資料を用意し，生徒に判定をしてもらう授業を考えてみた。

💡 三重県は何地方？

「三重県は近畿地方？　中部地方？　あなたは，どちらだと思いますか？　まずは直感で頭に浮かんだ方を書こう」と問います。
そして，次に資料を見て考えさせます。
「教科書では？」「近畿地方」
「地図帳では？」「近畿地方」
「管轄される国の出先機関（出張所）はどこにあるか？」「中部地方を管轄する出先機関は名古屋にありますが，三重県をエリアに含んでいます。ただし林野庁森林管理局のみ三重県は近畿管内です」
「三重県内の『もち』の形は？（教科書の図版を利用）」「北部は角型（東日本に多い）。南部は丸型（西日本に多い）」
「JRは？」「ほとんどがJR東海。関西線の亀山以西のみJR西日本」
「電力は？」「中部電力」
「部活のブロックは？」「東海ブロック（愛知・岐阜・三重・静岡）」
「石油コンビナートで知られる四日市が含まれている工業地帯は？」「中京工業地帯（愛知県と三重県にまたがる）」
「そのほかにあったらいい資料は？」「方言やイントネーション」
「では最終判定をしよう。三重県は近畿地方？　それとも中部地方？」「中部地方だと思う。生活的には中部地方との関係が深いから」
「入試では近畿地方にしないと×だけど，確かに中部地方色が濃いよね」

| 地理 | 世界と比べた日本の地域的特色 | 自然災害と防災 |

18 鳥取県西部地震では なぜ死者が出なかったのか？

2000年に発生した鳥取県西部地震は，1995年に発生した兵庫県南部地震とほぼ同じ大きさであったにもかかわらず，1人も死者が出なかった。その要因を考え，有効な地震対策へとつなげていきたい。

💡 相次ぐ大きな地震

　兵庫県，新潟県，鳥取県，宮城県，熊本県。これらの県に共通することは何でしょうか。近年起きた大きな地震の震源地があるところです。

　1995年に起きた兵庫県南部地震（阪神淡路大震災）はマグニチュード7.3，最大震度7.6で6434人もの方が亡くなりました。

　2000年に起きた鳥取県西部地震はマグニチュード7.3，最大震度6強でしたが，死者はいません（県内の負傷者は141人）。

　この事実を伝え，「ほぼ同じ大きさの地震なのに，なぜこんなにも被害が違うのだろう」と問いかけます。

　「発生が13時半で，明るくて避難しやすかった。火災も起きなかった」「人口が少ないから，家や建物が建て込んでいなくて逃げやすかった」といった意見が出されます。

　確かに鳥取県の人口は都道府県で一番少ない59万人です。人口密度も西日本では3番目に低い県です。震源地（日野町）周辺は，雪が多いので積雪に備えて丈夫な建物が多かったこと，岩盤が堅かったという指摘がなされています。また持ち家率が高く土地も安いので，その分建物にお金をかけることができるという面もあるようです。ただし住宅のモルタル崩落や屋根瓦がはがれるなどの危険な被害も生じています。しかし高層住宅が少ないことや住宅が密集していないことが，プラスに働いたことは間違いありません。地震発生の2ヶ月前に防災訓練を行っていたこともよかったようです。

| 地理 | 世界と比べた日本の地域的特色 | 日本の交通網 |

19 頑張って！ 路面電車

路面電車がブームである。単なる懐古趣味ではない。例えば富山地方鉄道の市内線は2009年に路線が新設され，既存の軌道と合わせて環状線化されたという。平成の時代に生き残った全国の路面電車の活躍を追う。

💡 路面電車のリサイクル

「路面電車に乗ったことあるかな？今でも路面電車って走っているのかな？」と問いかけ，次のように話します。

「大阪では市電は廃止されたけど，私鉄の通称『阪堺線』(はんかい)（阪堺電気軌道）が，あべのハルカス前から出ています。161形車両は1928年製造で，現役路面電車最古参です。88歳だね。すごいな！　では東京ではどうだろう？　東京都電はかつて日本一の鉄道網を誇りましたが，現在では唯一「荒川線」が残っているだけです」

阪堺線（501形車両）

では，路面電車の走行距離が一番長いのは，どこでしょうか。広島電鉄です。軌道と鉄道を合わせた総延長距離は35.1kmです。原爆投下の3日後に路面電車を走らせた話はよく知られています。この広島電鉄の車両には，「祇園」「かも川」と名づけられたものがあります。なぜこんな名前なのでしょうか。

実は廃止された京都市電を譲り受けて使っているのです。それだけではなく旧大阪市電，旧神戸市電も活躍しています。軌間が同じ1435mmなので再利用できるのです。これぞ究極のリサイクルですね。

富山では富山地方鉄道市内線の路線が延長されました。JR赤字路線を引き継いで路面化した富山ライトレールも好調です。

| 地理 | 世界と比べた日本の地域的特色 | 飛行場 |

20 日本と外国の空港名

地方空港にユニークな愛称をつけるのが流行している。その地域出身の漫画家の作品にちなんだり，花や動物の名前をつけたり，中には方言からとっているところも。経営が苦しい中で乗客増を目指して……。さて効果は？

💡 面白空港名と所在地を組み合わせよう

　鬼太郎，龍馬，コナン。この3つ（3人？）に共通することは何でしょうか。答えは，地方空港の愛称になっていることです。米子鬼太郎空港（鳥取県米子市），高知龍馬空港（高知県南国市），そして鳥取砂丘コナン空港（鳥取市）です。ゲゲゲの鬼太郎の作者の水木しげるは鳥取県境港市，名探偵コナンの作者の青山剛昌は鳥取県大栄町（現在は北栄町）出身です。ただし空港のある鳥取市から北栄町まではバスで約1時間かかります。
　それでは問題。①〜④の空港名とA〜Dの空港所在地を組み合わそう。
　①縁結び空港　②阿波おどり空港　③やまねこ空港　④きときと空港
　A 富山　B 徳島　C 出雲　D 対馬
　正解は①がC，②がB，③がD，④がAです。
　①の縁結びと言えば出雲大社，②の阿波おどりは徳島，③のツシマヤマネコは対馬にしか生息していない希少なヤマネコで，天然記念物にも指定されています。では，④の「きとき」とは何でしょうか。富山の名物？　それとも有名人？　富山の方言で「元気」とか「新鮮」という意味だそうです。
　「空港に愛称をつけるのはなぜ？」と生徒に投げかけてもよいでしょう。地方空港は64ありますが，すべてが赤字（2015年度）であり厳しい経済状況にあります。海外に目を向けてみましょう。インディラ・ガンジー空港，ケネディ空港，ド・ゴール空港，ダ＝ヴィンチ空港，ジョン＝レノン空港…これらの空港名に共通した特徴は？　著名人の名前を採用していることです。

| 地理 | 世界と比べた日本の地域的特色 | 水産業 |

21 魚屋さんに弟子入り

残念ながら，給食では魚の食べ残しが目立つ。海に囲まれた日本。その海が豊かな水産資源をもたらしてくれていることに感謝したいものである。水産業学習の導入として，魚そのものに興味をもたせるネタを考えてみた。

💡 魚へん漢字クイズ

「魚の名前を当ててみよう！」といって，「鮪・鰈・鰯……」という漢字を見せ，次のように解説します。

「鮪はお寿司屋さんの定番メニュー。特に人気があるのが脂身のところで何というかな？『トロ』ですね。でも昔からトロは人気があったのではありません。江戸時代には，マグロは人気がなく，猫跨ぎ（魚の好きな猫さえも食べない魚）と言われていました。脂身であるトロは特に傷みやすいため廃棄されていたそうです。トロに人気が出るのは，冷凍技術の発達してきた1960年代以降のことです。ちなみに缶詰のシーチキンは，ビンナガマグロを『海の鶏』と呼んでいたことに由来する商品名です」

その後も，次々とクイズを出していく。「ヒラメとカレイの見分け方は？左に目があるのがヒラメ，右に目があるのがカレイです」

「ちりめんじゃこは何の稚魚かな？　鰯です」

「タコは漢字でどう書くかな？　蛸です」（黒板に大きく書く）「なぜ魚へんではなく虫へんなんだろう？　蛸も蛤も蟹も，もともとは虫だと考えられていたのかもしれません」

「タコの消費量世界一位の国は？　日本です」旧約聖書では蛸は食べてはいけないものとされ，デビルフィッシュと呼ばれています。英語のオクトパスはラテン語に由来し，オクトは8，パスは足を意味します。ローマ暦は3月から始まり，8番目の月であるオクトーバーは10月を意味します。

地理　世界と比べた日本の地域的特色　エネルギー問題

22　石油はあと何年もつか

太陽光，風力など自然エネルギーの開発が進んでいる。しかし当面は石油に頼らざるを得ないのが現状である。さてその石油はいつまでもつのか？　現在の中学生が生きているうちに枯渇しないのだろうか？

💡 石油からつくられるもの

「石油にはどんな種類があるでしょうか」まずは，このように尋ねます。そしてエネルギー問題について次のように解説・展開し考えさせていきます。

「ガソリン・灯油・軽油などをとった後に残るのが重油で，ボイラーの燃料になります。では，ボイラーとは何でしょうか。答えは，水を加熱し，蒸気や温水をつくる装置です。病院や学校などの大きな施設の暖房に使われています。ボイルは沸かす，ゆでるの意味です。また重油は道路のアスファルトの原料にもなります。軽油は軽自動車ではなく，ディーゼルエンジンを使う大型のバスやトラック，船などの燃料に使われます。石油は燃料としてだけでなく，いろいろなモノの原料にもなります」

次に，「石油を使ってつくられたものをあげよう」と投げかけます。「シャーペンの持つところ，消しゴム，体操服」という声があがるので，「プラスチック，合成ゴムですね。化粧品も石油を原料にしたものがありますよ」と伝えます。そして，「こんなに用途が広く貴重な石油だけど，いつまでもつ？　どんなデータがあればわかるだろう？」と考えさせます。

ちなみに，2002年の石油確認埋蔵量1670億kℓを年間産出量43億kℓで割ると，40.6年になります。ということは今の中学生が40歳ぐらいになると石油はなくなるのでしょうか。いいえ，2015年末の石油可採年数は58年程度に増えています。新しい油田が見つかり，石油に似たシェールガスやシェールオイルなどが採掘されるようになり，280年位はもつという見込みになっています。

1章　明日から使える！　中学地理のネタ　31

| 地理 | 世界と比べた日本の地域的特色 | グローバル社会 |

23 世界の国からやってきた力士たち

相撲は日本の国技である。ところが日本人横綱が不在，幕内でも外国人力士の活躍が目立つ。大相撲の国際化を考えさせるネタである。

💡 国際化する大相撲

　最近は関取の出身地が，随分と国際化してきました。主な外国出身の力士と出身地はどのようになっているのでしょうか。
　白鵬・日馬富士・鶴竜（モンゴル）
　碧山（ブルガリア）
　栃ノ心（ジョージア）
　魁聖（ブラジル）
　大砂嵐（エジプト）
　実は幕内力士の3分の1が，外国出身の力士で占められています（2016年9月場所時）。
　現在活躍する外国人の関取の中で，一番多いのはどこの国の力士でしょうか。答えはモンゴルです。モンゴル相撲には土俵がないので，決まり手の押し出しはありません。背中が地面についたら負けです。
　では，初めて優勝した外国人関取は誰で，どこの国の出身でしょうか。答えは，1967年に十両に昇進した高見山で，ハワイ出身の米国人です。
　大砂嵐はアフリカ出身初の関取ですが，力水を飲まないときがあります。なぜでしょう？　エジプト出身のイスラム教徒なので，ラマダーン中は本場所の対戦があっても，食事はもちろん水も飲めないのです。ただし日没後の食事は許されているので，何も食べずに土俵に上がるわけではありません。

| 地理 | 日本の諸地域 | 九州地方 |

24 「ゴム」と「絣(かすり)」と「とんこつラーメン」のまち

福岡県というと福岡市や北九州市が思い浮かぶ。しかし忘れてはならないのが久留米市である。ゴムを中心とした工業。伝統産業の久留米絣。そして豚骨ラーメン発祥の地。久留米を楽しく学ぶネタである。

💡 さてどこの都市でしょう？

まず,生徒に次のように問いかけます。「次にあげる言葉から連想する都市をあげよう。ブリヂストン,絣,豚骨ラーメン」。すると,「絣って何? わからない」といった声が出るので,次のように説明します。

絣とは,藍染めした綿織物の白い斑点が,かすれたように見えたことからついた名前で,「ずれ」や「にじみ」を活かした文様が特徴的な染物です。この3つに関係する都市が久留米です。

久留米は福岡県の南部にある都市です。福岡市,北九州市に次ぐ人口をもち,中核都市になっています。戦前からゴム工業が盛んな都市として知られました。タイヤで有名なブリヂストンは久留米で生まれた企業です。創業者の名字である石橋を英語にしてさらに逆さにして社名にしました。靴製造会社のムーンスター(旧社名は月星)も久留米発祥です。地下足袋製造から始まり,戦中は軍靴もつくっていたそうです。現在ではライセンス契約によりイタリアのKappa社のシューズやサッカー用スパイクなども生産しています。

また豚骨ラーメンが生まれたのも久留米です。屋台のラーメン屋「南京千両」の宮本時男さんが,故郷の長崎ちゃんぽんをヒントに豚骨スープを考え出したのが,最初だと言われています。南京千両という店名の由来は,創業した1937年に起きた日本軍の南京占領からきているそうです。久留米には陸軍の施設があり,軍都としての顔もありました。店の定休日は,雨の日です。雨の日は休みなのはなぜ? 今も屋台だからです。

| 地理 | 日本の諸地域 | 九州地方 |

25 炭鉱労働者を支えたお菓子

炭鉱とお菓子。一見何の関係もなさそうだが，実は大きなつながりがあった。チロルチョコ，ひよこなど生徒たちがよく知っているお菓子を通して，炭鉱の歴史を学び，現在の国内炭復活についても考えさせたい。

💡 炭鉱町で生まれたお菓子

2013年1月5日，第1回駄菓子総選挙が行われました（テレビ朝日「お願い！ランキング」）。1位に輝いた商品は，次の3つのどれでしょうか？
　A．うまい棒　B．ベビースターラーメン　C．チロルチョコ
　正解はチロルチョコです。さて，このチロルチョコの故郷はどこでしょうか？　福岡県の田川市です。田川市や隣接する飯塚市の周辺は，かつて筑豊炭田と呼ばれる日本有数の炭田地帯でした。炭鉱で働く労働者は，甘いお菓子を口にして仕事の疲れを癒しました。チロルチョコをつくっている松尾製菓は田川市，ひよこで有名な吉野堂は飯塚市のお菓子屋さんでした。しかし昭和30年代になると炭鉱事故が多発し，その一方でエネルギー源の石炭から石油への移行も進み，炭鉱の閉山が相次ぎ地域の人口が激減。松尾製菓は全国向けのチロルチョコを販売しピンチを打開しようとします。吉野堂も飯塚から博多へと販売拠点を移し，ひよこは博多名物のイメージが強まります。

💡 復活なるか"黒いダイヤ"

現在日本では石炭を採掘しているでしょうか？　答えはイエス。夕張市ではボタ山（採掘により棄てられた土砂が積もったできた山）から，石炭成分を取り出す事業を開始。美唄市では露天掘りにより採掘が行われ発電所に供給されています。ただしCO_2の排出量が多い石炭による発電には課題もあります。

| 地理 | 日本の諸地域 | 九州地方 |

26 くまモンの経済効果

今や国民的アイドルになったくまモン。ゆるキャラの中でその人気は群を抜いている。熊本県営業部長兼しあわせ部長のくまモンの人気の秘密に迫りながら，地方活性化のヒントを探る。

💡 くまモン登場

　くまモン。熊本県の人気キャラクターですね。では，熊本県に熊はいるのでしょうか。九州の野生のツキノワグマは絶滅しました。でも，阿蘇のカドリー・ドミニオンという施設には熊がいます。人気キャラクターのくまモンは，天皇陛下にお会いしたこともあります。2013年10月28日に熊本を訪問された天皇皇后両陛下の面前でくまモン体操を披露しました。ちなみにその2日後の30日，くまモンの赤いほっぺ紛失事件も発生しています。原因は熊本県のおいしい赤い農産物の食べ過ぎです。熊本には，全国生産量1位のトマトとスイカ，3位のイチゴ，あか牛など赤に関連する農産物が多くあり，ホッペ＝赤＝熊本農産物という連想ゲームみたいなPR作戦でした。

©2010 熊本県くまモン

💡 くまモングッズの秘密

　くまモングッズは大人気。しかし，著作権使用料は…これが実は無料。ただし熊本県をPRする目的での利用が条件です。食品に使用するときは，熊本県内で生産しているか，熊本県限定販売が原則です。八代地方の名産で世界最大級の柑橘類である晩白柚(ばんぺいゆ)味のぷっちょ，熊本産のデコポンを使ったカゴメ野菜生活100デコポンミックス（生産終了）は代表的なくまモン関連商品です。日銀熊本支店によると，くまモンによる2011年11月〜2013年10月の2年間の経済波及効果は1244億円，広告効果は90億円以上にのぼります。

| 地理 | 日本の諸地域 | 九州地方 |

27 「チキン南蛮」と「肉巻きおにぎり」のふるさと

B級グルメ・ご当地グルメと呼ばれる各地域の庶民的な料理が人気である。伝統郷土料理は値が張るが、こちらは値段が手頃なのが人気の秘密。宮崎県の「チキン南蛮」「肉巻きおにぎり」から、畜産大国・宮崎県を学ばせる。

💡 チキン南蛮と肉巻きおにぎり

チキン南蛮の写真を印刷し、黒板に貼ります。「この料理知っているかな？」「チキン南蛮食べたことある人いる？」「チキン南蛮は、どこの地域の料理でしょうか？」と聞きます。

正解は宮崎です。鶏肉を揚げて、南蛮酢にくぐらせタルタルソースをかけて食べます（タルタルソースをかけないものもある）。ところで、「チキン南蛮」の南蛮とは、どういう意味でしょうか。これは、南蛮漬けからきているそうです。

また、肉巻きおにぎりの写真を見せ、「これも宮崎のご当地グルメだよ」と話を広げることもできます。

💡 畜産大国　宮崎

宮崎県は牛（肉用種）・豚の飼育頭数が全国2位、ブロイラーは1位（2016年・農水省統計資料）。隣の鹿児島県と並ぶ畜産の盛んな地域で、「畜産大国宮崎」と呼ばれています。だから地元の豚肉や鶏肉をふんだんに食材として使ったおいしいご当地グルメが生まれてきたのですね。右上は地元宮崎大学のキャラクターです。宮崎大学の略称「みやだい」と「牛」が合体した「みやだいもうくん」です。

| 地理 | 日本の諸地域 | 中国地方 |

28 地方自治体ライバル物語 〜島根県 VS 鳥取県〜

かなり古いが，プロ野球の長嶋と村山，大相撲の大鵬と柏戸，柔道の山下と斉藤のようによきライバルがいてこそスポーツは盛り上がる。宿命の対決の地方自治体バージョン。ゴングが鳴った。さあ軍配はどちらに？

💡 島根 AS NO.1

2013年参議院議員選挙投票率の１位は島根県，３位が鳥取県でした。まじめな県民性がうかがわれます。県庁所在地は島根県が松江市で，テニスの錦織圭の出身地です。鳥取県の県庁所在地は米子市ではなく鳥取市です。57万対69万。さあ何の数字？　正解は人口。鳥取県は全国最少47位。島根県は次に少ない46位です。島根県が１位なのは，人口10万人あたりの100歳以上の人の割合（鳥取県は３位）。おめでたいことですが，人口65歳以上の人の割合（高齢化率）も全国３位で30.9％。宍道湖産が有名なしじみは全国１位の漁獲量。島根県のご当地キャラは島根県観光キャラクター「しまねっこ」（左のイラスト）。頭にお社風キャップをかぶっています。

島観連許諾第3179号

💡 永遠のライバル鳥取県

一方鳥取県には日本有数の漁港である境港があります。漁獲量は1992年〜1996年まで全国一（2014年は６位）。「べにずわいがに」の漁獲量は全国一（２位島根県）。ゲゲゲの鬼太郎の作者水木しげるはその境港市出身。20世紀梨生産量は全国１位。鳥取県キャラクターのトリピーも，梨をデザインに取り入れています。全国的にも珍しい県内のすべての酪農家が集まり設立された大山乳業は，白バラ牛乳を販売し大好評です。

鳥取県マスコットキャラクタートリピー

| 地理 | 日本の諸地域 | 四国地方 |

29 四国の中心都市はどこ？

四国の中心はどこだろう？　高松市？　松山市？　高知市？　徳島市？　近畿地方の大阪市，中部地方の名古屋市のような誰もが納得する中心都市が見当たらない。そこで資料を与えながら，どこが中心なのかを考えさせてみる。

💡 四国のヘソ

「四国の一番の中心都市はどこだろう？　どのような条件を満たせば，その地域の中心といえるだろう？」と問います。

「人口が一番多い」「産業が発展している」「交通網が充実している」といった意見が出るでしょう。次のように解説していきます。

四国で人口が一番多いのは松山市で約51.6万人（2016年）。次に，四国で一番製造品出荷額が多いのは，愛媛県今治市。2位は愛媛県西条市。どちらも瀬戸内工業地域に含まれますが，県庁所在地ではありません。徳島県にはLEDの世界有数のメーカーの日亜化学工業（阿南市），ポカリスエットやカロリーメイトで知られる大塚製薬（徳島市）の本部があります。

次に交通網を考えます。JR高松駅は予讃本線，高徳線（高松—徳島）の起点になっています。瀬戸大橋線も高松と岡山を結んでいます。このように高松は四国の交通の拠点になっています。高等裁判所もあり，国の出先機関も集中しています。

しかしながら，実は自ら四国の中心を名乗っている市があります。香川県の四国中央市です。他の3県に接し，松山市，高松市へは80km，高知市へは60km，徳島市へは100kmという地の利をアピールしています。また，四国中央市に隣接する徳島県三好市も「四国のへそ」をアピールしています。しかし地理的にほぼ四国の中心にあるのは高知県の「いの町」です。

さて生徒たちはどこが四国の中心だと考えるでしょうか。

| 地理 | 日本の諸地域 | 近畿地方 |

30 御堂筋と大阪の地名の由来に迫る

地名にはいろいろな歴史が込められている。普段は何気なく眺めたり，通り過ぎたりしていたところも，地名の由来がわかれば景色が違って見えるはずだ。ここでは御堂筋と大阪を取り上げてみた。

御堂筋＝御堂＋筋

　大阪の地下鉄の路線で一番古いのは，「御堂筋線」です。御堂筋はキタ（梅田）とミナミ（難波）を結ぶ大動脈で，1933年にこの御堂筋の地下を走る地下鉄が開業しました。(大阪・梅田〜心斎橋　1938年には天王寺まで延伸)。では，御堂筋はなぜ御堂筋というのでしょうか。「御堂があるから」ですが，では御堂とは何でしょうか。御堂とは浄土真宗の別院のことです。北御堂（西本願寺＝本願寺派），南御堂（東本願寺＝大谷派）が建立されたことから，その前の道が御堂筋と呼ばれるようになったのです。では，筋は何でしょうか？　大阪では南北の通りを筋，東西の通りを通と言います。御堂筋や心斎橋筋，堺筋は南北，本町通は東西の通りというわけです。

　信長により大阪本願寺は焼かれ，その後本願寺は東西に分裂しますが，共に京都に総本山を構えます。その後に発祥の地大坂にも御堂がつくられることになるのです。江戸時代には朝鮮通信使が御堂に宿泊した記録が残っています。俳人松尾芭蕉は，南御堂の敷地内にあった花屋で亡くなりました。

大阪（坂）のいわれは？

　浄土真宗中興の祖・蓮如は，住居のあった京都山科から船で淀川を下り難波堀江の船着き場を経由し堺の寺院をしばしば訪ねました。その途中の生国魂神社に参る坂をオサカ（小坂）と呼び，ここに坊舎を建立したとき，小坂を改め大坂と記したそうです。大坂は難波を総称する言葉となります。

| 地理 | 日本の諸地域 | 中部地方 |

31　謎の乗り物 IN 名古屋

2001年3月23日，日本初のガイドウェイバスシステム「ゆとりーとライン」が，名古屋で開業した。ドイツやオーストラリアではすでに1980年代に実用化されていたが，なぜ日本でも導入されたのかを考えさせてみたい。

💡 バス？　電車？

写真を見せ，「これは電車かな？　バスかな？」と問うと，電車派からは「レールみたいなものがある」「車がいない」バス派からは「形がバスそっくり」といった声があがります。両方正解です。実はこれは名古屋市内を走って

いる乗り物で，ゆとりーとラインと呼ばれています。正確に言うと，法律上は電車扱いですが，車輛はバスです。名古屋市内の大曽根・小幡緑地間6.8km（所要時間は13分）は，運転手さんは手放し運転をしています。

💡 手放し運転で大丈夫？

この区間は高架専用軌道を走ります。レールの内側をトレースする案内装置を使うのでハンドル操作は不要なのです。モノレールみたいですね。小幡緑地からは一般の平面道路を走ります。ですから運転手さんはバスと鉄道の両方の免許が必要です。

ここでは「なぜこんな乗り物がつくられたのだろう？」などと聞き，「交通渋滞を避ける」「電車からバスへの乗り換えの手間を省く」「モノレールより建設費が安い」といった話し合いに発展させたいものです。

1985年に日本で初めて，道路中央部に停留所を設置し，専用バスレーンを市バスが走行する区間がつくられたのも名古屋です（新出来町線）。

| 地理 | 日本の諸地域 | 関東地方 |

32 地下鉄のホームから聞こえてくる曲は？

駅の発車メロディーに，その地にゆかりの曲を流すのが流行している。ここでは東京メトロの駅で流されている曲を取り上げ，その駅にちなんだエピソードも紹介してみた。全国各地の駅に応用できると思う。

💡 さて何の曲だろう

　東京の地下鉄（東京メトロ）のいくつかの駅では，聞き覚えのある有名な曲が発車メロディーに使われています。生徒たちに「さて次の曲が使われている駅を当ててみよう」と問いかけます。

　「銀座カンカン娘」「恋するフォーチュンクッキー」「春」の３曲を流し，「最初の曲は？」と問います。「銀座駅」「どうしてわかったの？」「歌詞の中に銀座が出てきたから」とつないでいきます。

　1949年に映画の主題歌として発売された曲です。銀座とは，江戸時代につくられた銀貨の鋳造所のこと。その跡地の一帯が銀座と呼ばれるようになったのです。「２番目の曲は誰の曲？」と問います。「AKB」。AKBといえば「秋葉原」ということで，秋葉原駅の発車メロディーに採用されています。「最後の曲は？」と問います。答えは浅草駅。「春」は滝廉太郎の作曲で知られる曲です。歌詞の中に出てくる隅田川は浅草駅のすぐ近くを流れています。

　では，乃木坂駅で使われている曲は何でしょうか。正解は乃木坂46の「君の名は希望」です。乃木坂46のグループ名の由来は，メンバーを決める最終オーディションが，乃木坂のレコード会社で行われたことからきているそうです。乃木坂の乃木とは，日露戦争の旅順攻防戦を指揮した陸軍大将の乃木希典の邸宅や彼を祀る乃木神社があったことが，地名の由来です。もともと，この坂は「幽霊坂」と呼ばれていたそうです。「幽霊坂46」ではファンが逃げていきそうですね。

| 地理 | 日本の諸地域 | 地域産業 |

33　どこからやってきた？　駅弁の中身

旅行に行く時間もお金もない。せめて駅弁を買い，旅の雰囲気だけでも味わいたい。ということでデパートの駅弁大会は大人気。ところが……

💡 いかめし

　まずは北から。生徒たちに写真を見せ，「函館本線森駅の名物だよ。知っているかな？」と問うと，「いかめし」という発言が出ます。
　そこで，「いかはどこで捕れたものだろう」と尋ねると，「そんなのわかっているよ，北海道に決まっている」といった声が出ます。
　そこで，「実はニュージーランド産だそうです。ブームになる前は地元の内浦湾で捕れるイカを使っていたそうですが，人気が出て生産が追いつかなくなり，今では輸入に頼っています。戦時中の1941年に米不足を補うために始めたのがきっかけで，はじめはイカの中に芋やとうもろこしを詰めていたそうです」と紹介します。

💡 鱒ずし・牛タン

　次は富山県です。「シンプルだけど有名な富山県の駅弁といえば？」と聞きます。「鱒ずしです」という声が出たら，鱒ずしの容器を見せます。蓋に神通川での鱒漁が描かれたものがあるので，イタイイタイ病の話もします。ちなみに，この鱒も地元産ではなく北海道産です。
　最後は宮城県です。「仙台の名物といえば？」と問うと，「牛タンです」という声が出ます。この仙台駅で売られている牛タン弁当も国産ではなく，アメリカなど外国産の牛の舌を使っています。ちなみにタンは英語のtongue（タング）に由来します。

地理 | 日本の諸地域　　　　　　　　　地域産業

34　企業城下町あれこれ

企業城下町というと豊田市が有名であるが，他にも授業で使えそうなところをピックアップしてみた。

💡 豊田市と日立市

　豊田市はもともと拳母市という名前でしたが，有名なトヨタ自動車の本社があることから豊田市に市名を変更しました。日立製作所や日立金属のルーツは，豊臣時代から採掘されていた赤沢鉱山で，日立村というところにあったことから日立鉱山と改名され，1920年には鉱山の修理工場が日立製作所として独立します。日立製作所があるから日立市になったのではなく，日立という地名が先にあって，その地名が社名に取り入れられたわけです。どちらもいわゆる企業城下町ですが，社名と市名の関係は逆です。

💡 本物は誰だ

　『ダイハツ町，スバル町，ハウステンボス町，実際にある町は？』
　実は，全てあります。ダイハツ本社があるのが大阪府池田市ダイハツ町。ダイハツのダイは大阪の大，ハツは発動機のハツを意味します。乗用車スバルの富士重工業群馬製作所本工場があるのが群馬県太田市スバル町。ハウステンボス町は，開業後に佐世保指方町の一部と崎岡町の一部が分離してつくられました。
　『丸亀製麺の社名の由来は？』と問うと，「丸亀市が発祥の地だから」と答えたくなります。しかし残念。普通そう思いますが，うどんの本場で父親の出身地でもある香川県丸亀市の印象がいいので，社名に取り込んだそうです。「丸亀うどん」を経営するトリドールは神戸に本社があります。

| 地理 | 日本の諸地域 | 産業構造の変化 |

35 プロ野球の親球団の変遷で学ぶ産業構造の変化

かつてのような熱狂的な人気はなくなってしまったが，それでもプロ野球には多くのファンがいる。80年の歴史があるプロ野球の親球団の変遷から日本の産業構造の変化を読み取らせるネタである。

💡 日本にあるプロ野球の球団名をあげてみよう

「巨人，阪神，ソフトバンク，楽天……」プロ野球のリーグ戦が始まった1936年から現在まで，続いている球団はあるでしょうか。巨人，阪神，中日です（球団名の変更はあります）。では，他にどんな球団があったのでしょうか。阪急，南海（2年後に加わる）などがありました。

読売巨人軍は1934年につくられた日本で一番古い球団で，読売新聞が親会社です。中日も名古屋の新聞社です。阪神，阪急，南海は関西地区の鉄道会社です。プロ野球創成期の球団は新聞と鉄道が中心でした。

太平洋戦争が始まり中断していたプロ野球は，戦後再開され経済の回復とともに球団も増え，2リーグ制になっていきます。

新球団として，「大洋ホエールズ＝捕鯨大国日本」「東映フライヤーズ＝映画は娯楽の王様」「トンボユニオンズ＝筆記具の代表・鉛筆」「国鉄スワローズ＝特急つばめ号の復活」などが設立されます。

そして高度成長期には生活の洋風化を裏づけるかのように，「ロッテ＝洋菓子」「クラウン＝百円ライター」「太平洋クラブ＝ゴルフ場」「日拓ホーム＝建売住宅」などが野球経営に乗り出します（クラウンは球団命名権の買取りのみ）。そして平成時代になると，「オリックス＝リース」「ソフトバンク＝携帯電話」「楽天＝ネットショッピング」「DeNA＝ゲーム」といった今までにない業種の会社が出てきます。これから球団経営に乗り出す企業があるとしたらどんな会社・業種でしょうか。

2章

明日から使える！
中学歴史のネタ

歴史　古代までの日本　原始時代・人類の始まり

1　世界最古の人類と日本最古の人骨

「最古の人類アウストラロピテクス」「明石原人」「牛川人」。教師自身が中学生のときに覚えた知識はなかなか消えない。授業には新しい研究成果を取り入れて，しっかりとバージョンアップして臨みたいものだ。

💡 最古の人類は？

「最古の人類は約400万年前に出現したアウストラロピテクス」かつては教科書にそのように記述されていました。しかし現在では，エチオピアで発掘され約440万年前に出現したと考えられる「アルディピテクス・ラミダス」が，直立二足歩行をしていた可能性が指摘されています。さらに2001年にチャドで頭骨化石が発掘されたサヘラントロプスは，約700万〜600万年前に出現したと考えられ，ある程度は直立二足歩行ができ，最古の人類の可能性があるといいます。このサヘラントロプスを最古の人類として紹介している中学校歴史教科書もあります。

次に日本列島に目を向けてみましょう。1979年発行の山川出版社「詳説日本史」には「近年愛知県牛川，静岡県三ケ日・浜北，大分県聖岳などの石灰岩の地層から洪積世の化石人骨が発見されており（以下略）　註　1931年に兵庫県明石市で洪積世人類のものらしい腰骨が発見されていたが，その存在については疑問視されていた」と記述されていました。

しかし近年の研究によると明石原人は原人ではなく新人の骨，葛生原人の化石は動物化石や年代の新しいもの，牛川人も人骨でないことが判明しています。しかし浜北遺跡の人骨は，新人で旧石器時代のものと認められ，年代としては約１万8000年前だといいます。沖縄県具志頭で見つかった港川人も，同じ時期のものとされ，石灰岩のため保存状態がよい最古の骨格化石です。

| 歴史 | 古代までの日本 | 世界史・ギリシャ・ローマ文化 |

2　ギリシャ・ローマの神々

現行の歴史教科書では，ギリシャ・ローマ文明についての記述はかなり省略され，「ポリス」「民主政治」「ローマ帝国」程度になっている。生徒たちの好きな神話を通して，ギリシャ・ローマに興味をもたせるネタである。

💡アキレス腱とトロヤ戦争

　アキレスはギリシャ神話に登場する英雄アキレウスのローマ名です。アキレウスが幼児の頃，母親のテティスが冥界の川ステュクスに浸して，不死身にしようとしました。しかし彼女の手が持っていた「かかと」だけが魔法の水に浸かりませんでした。
　成人となったアキレウスはギリシャとトロヤとの戦争で大活躍します。しかし最後にはトロヤの王子パリスの放った矢に，唯一の弱点であるかかとの上の腱を射られて，絶命します。ここからこの腱をアキレス腱と呼ぶようになりました。

💡キューピーのモデル

　キューピーは1910年代にアメリカで発売されたセルロイド製の人形です。そのモデルになったのがローマ神話のキューピッドで，恋愛の神様です。裸で背に羽が生え，手には弓を持ち，その黄金の矢で射られた者は恋に落ち，鉛の矢で射られると失恋させられるそうです。
　キューピッドはギリシャ神話ではエロスにあたります。天地が誕生したときに，カオス（深淵）に次いで生まれたのが，ガイア（大地の女神）とエロス（愛）であるとされています。
　キューピーマヨネーズを見せながら話をすると，より生徒にはわかりやすいでしょう。

2章　明日から使える！　中学歴史のネタ

| 歴史 | 古代までの日本 | 世界史・キリスト教 |

3 イエス＝キリストは，なぜ十字架にかけられたのか

「イエス＝キリストはどこの出身？」と質問するとイギリス，フランス，ドイツ…といった答えが飛び交う。イエスはパレスチナ生まれのユダヤ人。それなのになぜユダヤ人社会と対立し，十字架にかけられたのだろうか。

💡 なぜキリストは処刑されたのだろう？

　地中海東岸のパレスチナ地方は，紀元前後にローマ帝国の支配を受けていました。そしてこの地に住んでいたユダヤ人の社会の中で，イエスは生活していました。

　では，なぜイエスは捕らえられたのでしょうか。生徒には，教科書で調べさせます。「ユダヤ教の指導者を批判したから」という答えが出てきます。

　ユダヤ教指導者の「教えの一字一句を守ることで神の国に行ける」という教えを批判し，「神の意志を実行すれば，貧富や職業に関係なく誰でも神の国に入れる」と説き，病気の人や，貧しい人，売春婦など差別されていた人に心を寄せ，今でいうボランティア活動を始めます。また神殿にいるユダヤ教指導者は，決まりを破っても罪にはならないという教えも批判し，ユダヤ教の神殿の崩壊を予告しました。

　このようにイエスはユダヤ人でありながら当時のユダヤ教指導者に批判的でした。そしてイエスは「神のおきてを無視する反逆者」として捕えられます。またパレスチナを支配するローマ帝国も，イエスを「社会の秩序を乱す危険分子」だと睨んでいました。イエスはユダヤ教を無視したわけではありません。現実のユダヤ教指導者に失望し，ユダヤ教の本来の姿を取り戻そうと考え，いわばユダヤ教の改革派として布教活動を始めたのです。弱い立場の人のために献身的な活動を続けるイエスを弟子たちは「神の子」と呼ぶようになります。

| 歴史 | 古代までの日本 | 縄文時代・縄文時代の風習 |

4 抜歯はなぜ行われたのか？

縄文時代の風習として紹介される抜歯。何のために行ったのか？ どの歯を抜いたのか？ 女性も抜いたのか？ 叉状研歯（さじょうけんし）はどのような人がしたのか？ 考えるだけで歯が痛くなりそうだが，意見を闘わせたい。

💡 抜歯と叉状研歯（さじょうけんし）

　縄文時代に抜歯という風習がありました。抜く歯は決まっていたのでしょうか。いっぺんに抜いたのでしょうか。女子も抜いたのでしょうか。それとも男子だけでしょうか。

　抜歯は切歯，犬歯，第一小臼歯といった，口を開けたときにすぐに見える範囲の歯に限られました。

　では，いったい何のために抜歯したのでしょうか。痛くないのでしょうか。

　抜歯には，「成人の儀式」「婚姻」「近親者の死亡による服喪」といった説があります。上顎犬歯は成人，下顎犬歯および切歯は婚姻，上・下顎第一小臼歯は近親者の死亡に対する服喪を表すというのが，抜歯研究の第一人者の春成秀爾氏の説です。では，なぜ成人になると歯を抜くのでしょうか。痛みに耐えれば大人として認められるからでしょうか。また近親者が亡くなると抜歯するのはなぜでしょうか。悲しみを忘れないようにするためでしょうか。

　前歯に溝を掘りフォーク状に加工した叉状研歯の目的は何でしょうか。ちなみに叉状は「枝分かれ」，研歯は「歯のやすりがけ」という意味です。

　叉状研歯は10%を超す頻度で出現し，男女の割合に偏りはありません。20歳未満の人物もいます。「集団のリーダーを示す目印」「嚙みつきやすくして武器にする」「おしゃれのため」「特別な呪力をもつ者であるという印にする」など，生徒からは様々な意見が出ます。抜歯風習，叉状研歯はアジアやアフリカなどでも見られます。

| 歴史 | 古代までの日本 | | 弥生時代・大陸から日本へやってきた人たち |

5 弥生人の故郷

なぜ弥生人はのっぺり顔なのか。そのルーツを探していくと，弥生人の低い鼻，細い眼，薄い眉毛といった特徴は，厳しい自然を生き抜くためだったことがわかる。思春期の中学生が興味津々となる「顔」のネタである。

💡 日本列島最古の人骨化石

　日本列島には，いつごろから人が住み始めたのでしょうか。現在日本列島最古の人骨とされているのは，静岡県浜北遺跡で発掘されたもので，約1万8000年前の旧石器時代の新人のものです。同じ頃のものとみられる南西諸島の港川人骨は，保存状態がよく最古の骨格化石と言われています。しかしかつて原人や旧人の骨とされた明石原人，葛生原人（栃木県），牛川人（豊橋市）は，その後の調査で新人の骨や動物の化石であることが判明しています。港川人が縄文人に進化したかどうかははっきりしません。約1万5000年前にやってきた縄文人は，南洋や東南アジアから来たと言われ，彫りが深い顔立ちが特徴でした。

　紀元前4世紀頃から，日本列島では弥生時代が始まります。水田耕作や金属器を伝えた弥生人のルーツはどこにあるのでしょうか。答えは，シベリアです。シベリアでは骨や角を材料に縫い針をつくり，トナカイの小腸の薄い皮を糸にしていました。動物の腸でつくった糸を英語ではgut（ガット）と言いますが，化学繊維が発明されるまではバイオリンの弦やテニスラケットに使われていました。gutは「根性」の意味もあります。ガッツポーズのガッツはガットがなまったものです。弥生人は極寒の地では凍傷にかからないように，身長の割に腕や脚が短くなり，鼻も低く目は細く，ひげやまゆ，まつげも薄くなりました。弥生人の顔が平らなのは，厳しい気候を生き抜くためだったのです。そういう特徴を備え生き抜いたDNAが受け継がれていったのです。

| 歴史 | 古代までの日本 | 古墳・飛鳥時代・天皇陵の保存と発掘 |

6 天皇陵の発掘調査は許されるのか

日本の政治に大きな影響を与えてきた天皇陵を発掘することで，日本の歴史が書き換えられることも考えられる。しかし発掘調査とはいえ，墓を暴くことには変わりない。天皇陵の発掘の是非を考えさせてみたい。

💡 発掘が許されない大仙古墳と発掘された「天皇陵」

　仁徳陵は，大阪府堺市にあり，全長が486メートルある世界最大級の墓ですが，現在では大仙古墳もしくは伝仁徳陵といった表記が，一般的になっています。なぜ仁徳陵と表記しなくなったのでしょうか。

　本当に仁徳天皇のお墓であるかどうか疑わしいからでしょうか。仁徳天皇が実在の人物かどうか疑問だからでしょうか。それならば，発掘調査をしてはっきりさせればいいということになります。しかし天皇陵やそれに準ずる古墳については発掘が許されていません。最近では古墳の周囲のみ部分的に調査が許される場合がありますが，古墳の内部を大がかりに調べることは宮内庁によって禁止されています。

　実は天皇陵の多くは幕末から明治初期の短期間に比定されたものですが，文書を頼りに新たな発掘調査をせずに指定したため，誤って特定したものもあると言われています。そのため天皇陵であると指定されているのに，実際は豪族の墓である可能性が高かったり，逆に天皇陵である可能性が高いのに，天皇陵として指定されていなかったりする古墳もあるというわけです。

　飛鳥の牽牛子塚古墳は横穴式石室をもつ古墳ですが，天皇陵特有の八角墳であることがはっきりとし，斉明天皇陵である可能性が高まりました。また高槻市にある今城塚古墳も調査の結果，継体天皇陵であることが有力視されています。どちらも天皇陵に指定されていない古墳であったが故に十分な調査ができ，発掘成果もあがったのです。

| 歴史 | 古代までの日本 | 飛鳥時代・斑鳩の2つの古墳 |

7　消えた御坊山古墳と残った藤ノ木古墳

今は跡形もなく消えてしまった御坊山古墳と，出土物が国宝に指定されている藤ノ木古墳を対比させ，遺跡保存の大切さを考えさせてみたい。

💡 御坊山古墳はどこにあったのか？　誰のお墓か？

　例えば，次のように授業を展開します。まず，地図帳に載っている古墳をあげさせます。藤ノ木古墳が出たところで，「藤ノ木古墳が地図帳に載っているのはなぜ？」と問いかけます。
　生徒からは「古いから。有名な人の墓だから。古墳の中から珍しいものが見つかったから」といった意見が出ます。そこで「正解は未盗掘の古墳で，金銅製の馬具など豪華な副葬品が見つかったからです。埋葬されていたのは男性2人で，誰なのかは謎です」と解説していきます。
　さて，では日本の古墳はほとんどが盗掘されているのに，なぜ藤ノ木古墳は盗掘にあわなかったのでしょうか。これは，古墳の前に宝積寺というお寺があって，そのお寺により古墳が守られてきたからです。
　次に，御坊山古墳を考えていきます。昔，御坊山という山がありました。そこから古墳が見つかりました。現在，そのあたりは団地になっていますが，団地の中のどこに古墳があるのでしょうか。実は1964〜65年の団地造成の際に，御坊山の古墳は破壊されてしまったのです。
　人骨とともに珍しい瑪瑙製の枕が見つかり，聖徳太子の一族の墓ではないかともいわれています。もし藤ノ木古墳が御坊山の中につくられていたら，御坊山古墳と同じ運命をたどったかもしれませんね。遺跡保存の大切さが認められるようになったのは，1972年の高松塚古墳の壁画発見以降で，1960年代だと古墳が破壊されるのも珍しいことではありませんでした。

歴史 | 中世の日本 | 鎌倉時代・鎌倉幕府の成立

8 いいくに？ いいはこ？
～鎌倉幕府はいつ成立したのか？～

従来，源頼朝が征夷大将軍に任命された1192年が，鎌倉幕府の成立の年と教えられてきた。しかし近年鎌倉幕府の成立時期を見直す動きが出ている。さて正解は「いいはこ」なのか「いいくに」なのか，それとも……。

「いい国つくろう」の見直し

本来「幕府」とは，出征中の将軍が幕を張りめぐらせて宿営したところを指す言葉です。のちに武家政権のことを指すようにもなりますが，一般に幕府と広く呼ぶようになるのは，江戸時代末期になってからといいます。

「いいくにつくろう」の語呂合わせでおなじみの1192年は，頼朝が征夷大将軍に任命された年ではありますが，鎌倉幕府の成立を宣言した年ではないのです。もちろん1192年に侍所や問注所などの機関がつくられ，東国支配権と守護地頭の任命権も同時にこの年に認められたということであれば，1192年を鎌倉幕府の成立年と呼べるでしょう。しかし，実際は以下のように少しずつ頼朝の権限が認められるようになっており，鎌倉幕府が確立したのが1192年であると言いきることはできないでしょう。

鎌倉幕府が成立したのはいつ？

1180　侍所がつくられる
1183　頼朝は独自の暦をやめ，朝廷の暦を使うことを約束する。
　　　→頼朝が東国支配権を朝廷から実質的に承認される。
1184　公文所（政所）・問注所がつくられる
1185　守護・地頭の任命権を後白河法皇に認めさせる
1190　頼朝が朝廷から右近衛大将（右大将）に任命される
1192　頼朝が朝廷から征夷大将軍に任命される

| 歴史 | 中世の日本 | | 鎌倉時代・鎌倉仏教 |

9 仏教宗派どこがどう違うの？

「鎌倉仏教」の授業では，宗教名と開祖をひとまとめにして終わりとしてしまいがちだ。生徒たちが興味をもちそうな回峰行，肉食妻帯，警策などを紹介しながら仏教に関心をもたせるネタである。

💡 平安仏教と鎌倉仏教

「法事のときやお盆にお坊さんが来るかな？」と聞くと，「来るよ」という生徒が多数。だが，「家の宗派は？」と聞けば「知らない」。そこで，「君たちの家の宗派を探そう」と投げかけてはどうでしょうか。

平安時代にもたらされた真言宗と天台宗は密教と呼ばれ，山中に寺院がつくられ，厳しい修行をした僧侶から加持祈祷を受けました。天台宗の比叡山における回峰行は，7年間にわたりほぼ地球一周にあたる距離を歩き，断食・不眠なども行います。

次は鎌倉仏教です。「浄土宗と浄土真宗はどう違うの？」というのは，生徒の興味を引きます。どちらも念仏「南無阿弥陀仏」を唱えます。南無とはゆだねるという意味なので「阿弥陀仏にゆだねる」という意味になります。念仏を唱えることで極楽浄土へ行けると考えるのが浄土宗で，念仏を唱えようとする心さえも阿弥陀仏のはたらきによるものだと考えるのが浄土真宗です（絶対他力）。浄土真宗の開祖である親鸞は禁じられていた肉食妻帯を行い，遺灰を鴨川にまいてほしいと遺言しています。

日蓮宗では題目「南無妙法蓮華経」を唱えます。禅宗と呼ばれる臨済宗と曹洞宗は，自己を見つめるために座禅を組むのが特徴です。姿勢が悪いと警策という指導が入ります。臨済宗では正面から両肩に，曹洞宗では後ろから右肩に棒で叩かれます。自分からしてほしいときはどうしたらいいのでしょうか？　合掌のポーズをとります。

歴史　中世の日本　鎌倉時代・北条氏の執権政治

10 北条氏はなぜ将軍になれなかったのだろう

鎌倉時代＝源氏というイメージが強い。生徒たちの中でも頼朝は人気がある。しかし実際は頼朝亡き後，北条氏が権勢を誇っていた時期の方が長い。その北条氏に焦点を当てたネタである。

💡 北条氏と鎌倉時代

　源頼朝亡き後，頼朝の妻政子の実家である北条氏が実権を握ります。しかし1333年の鎌倉幕府滅亡に到るまで，北条氏が将軍になることはありませんでした。北条氏は2代将軍頼家，3代将軍実朝を滅ぼした後，頼朝の妹の曾孫にあたる摂関家出身の藤原頼経を将軍に迎えます（藤原将軍）。二代続いた藤原将軍の後には，天皇の兄の宗尊親王を将軍に招き（皇族将軍），北条氏は執権という地位に就きました。

　「なぜ北条氏は自分自身が将軍にならなかったのだろうか。それともなれなかったのだろうか」という問いかけは有効です。

　「将軍になると目立つから暗殺されたりして危険だから」

　「執権として裏から操っていた方がよかったから」

　実はそうではありません。北条氏は国司が任命した在庁官人出身で（在庁官人とは下級役人のこと），天皇家とつながる血筋をもつ平氏や源氏とは異なりました。

　中世においては，武士の社会でも血統が重視されました。在庁官人に過ぎなかった北条氏を将軍とすることには，征夷大将軍を任命する朝廷はもちろん，武士社会さえも認めることはできませんでした。藤原将軍や皇族将軍が続いたわけがわかりますね。

　北条氏は政所別当（長官）と侍所別当を兼ね，その地位を執権と称し実権を握りますが，将軍にはなれなかったのです。

| 歴史 | 中世の日本 | | 鎌倉時代・鎌倉文化 |

11 ユク河ノナカレハタエズシテ

鎌倉時代の名随筆として知られる方丈記。「行く河の流れは絶えずして，しかももとの水にあらず」という冒頭はあまりにも有名である。その方丈記は実は単なる随筆ではなく，ルポルタージュでもある。

💡 カタカナで書かれた方丈記

　ユク河ノナカレハタエズシテシカモモトノ水ニアラズ
　方丈記を著した鴨長明は平安時代後期から鎌倉時代の初めに生きた随筆家・歌人。平安時代に「ひらがな」がつくられ，源氏物語や枕草子が書かれますが漢字はほとんど使われず，大部分がひらがなで書かれています。漢字とひらがなが入り混じった文が書かれるのは，鎌倉時代になってからです。しかし方丈記は漢字とカタカナで書かれています。なぜ漢字とひらがなではなく，漢字とカタカナで文章を綴ったのでしょうか。カタカナ交じりは漢文調で一つの文が短く，読者にはっきりと思いが伝わりやすい。それが長明のねらいではないかという説を紹介します。

💡 方丈記の由来

　下鴨神社の神官の次男として生まれた長明は，平安時代末期に起こった安元の大火，治承の辻風，養和の飢饉，元暦の大地震などの災害を詳細に綴っています。彼はエッセイストであり，ジャーナリストでもあったのです。しかし神官の職を継ぐことは叶わず，将軍実朝の和歌の指導役になる仕事も立ち消えとなり，54歳のときに洛南の山奥に，一丈（約3メートル）四方の家をつくり隠遁生活に入ります。広さ五畳半ほどの「ワンルームマンション」です。この方丈（四角）の家で書かれたから，方丈記なのですね。方丈記は彼の人生観から生まれた作品なのです。

| 歴史 | 中世の日本 | 室町時代・北山文化 |

12 金閣はなぜ放火されたのか？

室町時代の文化の項目の中で必ず出てくるのが足利義満が京都の北山に建てた金閣である。応仁の乱も太平洋戦争もくぐりぬけてきた金閣がなぜ焼かれてしまったのか。その背景に迫るネタである。

💡 金閣寺というお寺はない!?

　金閣のカラー写真を見せて，「これは何でしょう」と問います。生徒からは「金閣寺」と声が出ます。残念×です。正解は金閣です。金閣寺というお寺はありません。
　一般的に金閣寺と呼ばれているのは，お寺の一部である金閣という建物のことで，お寺自体も鹿苑寺というのが正式名です。足利義満が別荘として建てたものが，死後寺院になりました。当時の日本の金産出量は年50キログラムで，その半分の量が金閣のために使われたそうです。
　金閣は創建当時のものが残っているのでしょうか。答えはNO。義満時代のものは焼失し，現在の金閣は再建されたものです。再建されたのは昭和になってからで，それまでは残っていたのです。
　実は1950年7月に放火されたのです。放火したのは，金閣で修行中の21歳の青年僧です。何でそんなことをしてしまったのでしょう。「金閣の美しさに対する嫉妬」「観光寺院化したことに対する失望」「住職に対する反感」などが，事件直後に動機として取りざたされました。
　そんな中で，当時産経新聞の記者だった作家の司馬遼太郎は，庫裏の黒板に「また焼いたるぞ」という落書きがあるのを取材中に見つけます。住職から「学校（犯人は僧の修行をしながら大学にも通っていた）を休みがちなので注意したところ，退学すると言いだした。日頃から宗門に不満をもっていたようだ」という言葉を聞き出しています。

| 歴史 | 中世の日本 | 室町時代・惣の掟 |

13 犬を飼うへからす

室町時代の学習で惣が必ず出てくるが，厳しい決まりや掟などを話して終わりでは面白くない。原文に触れさせ，惣の仕組みに興味をもたせたい。

💡 惣の掟を原文で学ぼう

次のような展開はいかがでしょうか。

「室町時代の農民がつくった自治的な村を惣村といいます。惣という字を別の漢字で言い換えるとどれが正解かな？ ①総 ②層 ③送 ④走」

「惣は『全部をまとめる』という意味で，①が正解です。おかずのことを，『惣菜』とも『総菜』とも書きますね」

「近江国の八日市（現 東近江市）神社に伝わる今堀郷の掟を読んでいこう。そこには惣村の取り決めに違反したときは，村人としての権利を奪われたり，村から追放されたりすることが書かれています。そして村にある神社は，村人により大切に守られてきました。

一．塩増雑事ハ神主可有用意，代ハ惣ヨリ可出候。
（祭礼に使う塩，増，雑事は神主が用意するが，費用は惣で負担する）

『塩』はわかるけど，『増』とは何だろう？ 答えは味噌です。では『雑事』は？ ①野菜 ②くだもの ③肉 ④魚 正解は①の野菜です。

こんな条文もありました。一．犬かうへからす事。

犬は飼ってはいけないという意味です。どうして飼ってはいけないのでしょうか。『犬が人間を噛んだら大変だから』『犬は畑を荒らすから』『犬のえさを確保するのは大変だから』『犬には特別な呪力があり，地域の神社に祭られている動物と喧嘩するといけないから』という解釈もあります」

| 歴史 | 近世の日本 | 安土桃山時代・信長の政治 |

14 信長は関所を廃止し，楽市楽座を行ったのか？

中学校歴史的分野の教科書には，「織田信長は関所を廃止し，楽市令を出して座をなくした」ということが記述されている。しかしこれは本当なのだろうか？生徒たちの常識を揺さぶるネタである。

関所の廃止と京都七口

　関所の廃止を行ったのは誰でしょうか。織田信長というのは，本当でしょうか。実は信長が関所を廃止した範囲は，彼の支配権のある地域に限られ，全国の経済の中心であった京都では，七口と呼ばれる関所が存続されていました。ちなみに七口とは時代により変動しますが，東海道の出入り口である三条口（粟田口），丹波街道の出入り口の鞍馬口，若狭街道の出入り口の大原口，摂津・河内へ続く西国街道の出入り口である東寺口などをいいます（生徒には，京都市の地図で確認させます）。七口の関所は皇室領で，実際は公家の山科氏の所領になっていました。信長は皇室領には手を出さなかったのです。なぜでしょうか。天下取りの途中なので軋轢を避けたかった，と言われています。

楽市楽座は？

　信長は城下町安土で，楽市楽座を行いました。これは，商工業者を集めるためです。岐阜付近の自治都市や寺内町の楽市楽座も承認します。でも奈良・京都では，座の活動は影響を受けなかったそうです。
　これは，座の後ろ盾である寺社や公家の力が強いからでした。しかし1582年には関所が廃止され，1585年には楽座令が出されます。これを出したのは豊臣秀吉。秀吉の力が全国に及び，座の後ろだてであった寺社や公家は力を失います。関所の廃止も楽市楽座も信長が始め，秀吉が完成させたのです。

2章　明日から使える！　中学歴史のネタ

| 歴史 | 近世の日本 | 安土桃山時代・信長の一生 |

15 本能寺は今も残っているのだろうか？

ダンスユニット「エグスプロージョン」の踊る授業シリーズ「本能寺の変」が大ヒットした。さて信長が光秀の裏切りにより自決に追い込まれた本能寺は今も残っているのだろうか？ 京都でミニフィールドワークをしてみた。

💡 信長終焉の地

「本能寺っていうお寺を知っている？」と聞くと、「織田信長が殺されたところ」という声があがります。そこで、「今もあるのかな？」と問い返すと、「ある」「ない」という反応がありますが、どちらも正解です。

本能寺という名前のお寺は、京都市役所南の寺町御池にあります。しかし織田信長が自害したときの本能寺は、同じ中京区ですが油小路通り蛸薬師山田町にありました。移転しているのですね。実は本能寺は火災などに見舞われ、たびたび移転・再建しています。

さて、写真の石碑には、どこか変なところがないでしょうか。「能」という字が違います。これは、たびたび火災に見舞われたことから、能という漢字の旁のヒが火につながるとして避けているそうです。去という字に似た旁になっています。

ところで、信長の生誕地はどこでしょうか。今まで、信長が生まれたのは、現在の名古屋城の二の丸のあたりにあった那古野城とされていました。しかし最近の調査から、信長が生まれた当時の那古野城は今川氏が支配しており、信長は名古屋市近郊の稲沢市と愛西市にまたがる地域にあった勝幡(しょばた)城で生まれたという説が有力になっています。勝幡城は信長の祖父信定が築き、父信秀が城主のときに信長が誕生したと考えられています。

| 歴史 | 近世の日本 | | 安土桃山時代・信長と光秀 |

16 明智光秀はなぜ謀反を起こしたのだろう

本能寺の変の原因を探るネタである。光秀の謀反の原因については，定説がないので逆に自由に論議ができる。政治的な議論の中では，教師が自分の意見を述べるのは慎重であるべきだが，ここでは自説を述べてもいいだろう。

💡 本能寺の変と明智光秀

織田信長が明智光秀の謀反により本能寺で自害に追い込まれたことは，ほとんどの中学生が知っており，教科書にも書かれている。しかしなぜ明智光秀が謀反を企てたかについて教科書には記述がない。歴史学の研究成果に基づく確実な説（定説）がないからであろう。しかし「本能寺の変」「明智光秀」という歴史用語だけを教えて終わりでは，生徒たちはのってこない。生徒たちに推理することの楽しさを知ってもらいたい。

💡 諸説粉々 さあ君の説は？

①怨恨説　信長に恥をかかされたことを恨んでいた。頭を叩かれかつらがとれた。宴会中にトイレに行き叱られた。
②野望説　前々から天下を狙おうとしていたが，警備の手薄な本能寺に宿泊したすきをついた。
③暴走阻止説　天皇が決める京暦とは異なる尾張暦の使用を主張したり，天皇に譲位を要求したりするなどの信長の行き過ぎたふるまいに我慢できなくなった。
④四国説　四国の長宗我部氏と信長の関係が悪くなり，有力な家臣が長宗我部と婚姻関係にあった光秀は板挟みとなり悩んでいた。

| 歴史 | 近世の日本 | 江戸時代・名古屋城 |

17 名古屋城の秘密

「尾張名古屋は城でもつ」と謳われた名古屋城。城郭の国宝第一号でもあった。太平洋戦争中の空襲で，天守閣をはじめ大部分が焼失した。残っていれば世界遺産にも登録されたであろう名古屋城を取り上げたネタである。

💡 名古屋城の天守閣・鯱・石垣

　現在の名古屋城は，創建当時の城がそのまま残っているのでしょうか。天守閣は大阪城や江戸城を上回る日本最大の面積を誇ります。1930年にお城としては初めて国宝（※1）に指定されました（ちなみに世界遺産に登録された姫路城が国宝に指定されたのは，その1年後）。しかし惜しくも1945年5月の空襲により天守閣・鯱などほとんどが焼失してしまいました。

　この天守閣，なぜ鯱を載せているのでしょうか。鯱には水を呼ぶという伝説があり，火除けのため天守閣に載せるようになったと言われています。

　では，鯱には雄と雌がありますが，大きいのはどちらでしょうか。重さも高さも雄の勝ちです。しかしうろこの枚数は雄が112枚，雌が126枚で雌の勝ちです。1937年に58枚のうろこが盗難にあっています。犯人は捕まりましたが，それにしても高いところに登ったものですね。

　名古屋城の石垣にはいろいろな刻印がついています。なぜでしょうか。普請のために駆り出された大名が，トラブルにならないように他の藩の石と区別するためだそうです。ハンコで有名なシヤチハタは名古屋に本社があります。もともとは日の丸を商標に使っていたそうです。しかし注意を受けて，新たに日の丸に鯱を取り込んだ社旗をつくり，シヤチハタという社名になりました。朱肉のいらない印鑑の正式商品名はXスタンパーです。

※1　戦前の古社寺保存法による旧国宝

| 歴史 | 近世の日本 | 江戸時代・地場産業 |

18 越中富山の売薬さん

最近はドラッグストアが乱立し，町の薬屋さんさえも少なくなっているが，かつては全国各地に富山の薬売りがやってきたものである。なぜ富山で売薬業が盛んになったのかそのルーツを探るネタである。

💡 富山で売薬業が盛んになったのはなぜか

　1690年，江戸城での出来事です。三春藩（福島県）の藩主秋田河内守（かわちのかみ）が腹痛で苦しみだしました。それを見かねた富山藩の二代目藩主の前田正甫（まさとし）が印籠の中から薬を取り出し与えると，腹痛は瞬く間に治ったそうです。その薬は反魂丹（はんごんたん）という薬でした。反魂丹は彼の先祖が備前の万代常閑から処方を譲り受けた薬で，唐から伝えられた薬だそうです。反魂丹とは「体に魂を戻す」という意味です。このできごとがきっかけとなり，反魂丹を欲しがる藩が続出しました。富山の薬売りの発祥とされる出来事です。

　売薬人は柳行李に薬を詰め全国各地に向かいました。その重さは20キロもあったそうです。「先用後利」といって，訪れた家に一通りの薬を配置し，使った分だけを次回来たときに集金しました。江戸時代には，医者も薬局もない地域がたくさんありました。越中富山の売薬さんの運ぶ薬は，とてもありがたいものでした。とはいえいきなり見知らぬ家を訪ねても，薬を置かせてもらえるはずはありません。その家の人が必要としている薬を見立て，仕事を通じて知りえた全国各地の珍しい話を伝えたり，富山の民謡や浄瑠璃を披露したり，農家のお客さんには良質の種もみを分けたりしながら，人間関係をつくっていきました。ちなみに現在も富山は日本一の種もみ生産県です。2014年現在，富山県の医薬品生産金額は全国第2位，人口1人あたりでは全国一です。その富山の薬の歴史は，配置薬業を抜きにしては語れません。

| 歴史 | 近代の日本と世界 | 江戸時代・開国 |

19 ペリーの出した料理

生徒たちはペリーが好きだ。開国時のネタとしてはペリーの似顔絵，持ってきたお土産，狂歌などいろいろあるが，ここでは日本側に出された食事を取り上げてみたい。さて，はじめてワインを飲んだ日本人の感想は？

💡 ペリーが出した料理

　1853年に米国東インド艦隊司令長官ペリーが，軍艦4隻を率いて浦賀に来航。軍艦に付き添った伝馬船の乗員の平野政七は，軍艦でご馳走になった食べ物を記しています。

　「パンをもらえば，くさいびんつけ油のようなものがついていて鼻もちがならない。ギヤマンのコップに赤黒い水をもってきました。人間の生き血に違いない」

　びんつけ油のようなものとは何でしょうか。正解はバターです。びんつけ油は整髪料のことで，ギヤマンとはガラスのことです。では赤黒い水は？ワインだそうです。ペリー来航に先立つ1846年にビッドルが浦賀来航。開国要求は拒否されますが，交渉役だった浦賀奉行所役人の下岡連杖に，「真っ赤な生血のようなもの」がふるまわれます。彼は「毒が混ぜてあるに違いない」と感じぶるぶると震えますが，「一身を日本国のために捧げよう」と決意し，目を閉じて一息に飲み干すと「精神も何となく開け，その酒は甘露のように甘かった」と語っています。その後下岡はキリスト教徒となり，ワインはキリストの血を意味することを知ります。

　1854年に再来日したペリーは，日米和親条約締結直前に幕府要人を招き，この日のために生きたまま飼っておいた牛や羊，鶏の肉が出されるなど豪華な食事を振る舞います。ところが日本人は「焼肉と煮た肉」「スープとシロップ」「漬物とジャム」を混ぜて食べていたそうです。

| 歴史 | 近代の日本と世界 | 明治時代・砲台と鉄道 |

20 「ゆりかもめ」に乗って
～幕末から明治への旅～

> 「ゆりかもめ」は開業20周年を迎えた。新橋から東京湾岸の埋立地を，4輪のゴムタイヤを装着した車両が無人で走る「新交通」。始発の「新橋駅」と「お台場駅」に注目し，生徒たちを幕末から明治へと誘うネタである。

💡 汽笛一声新橋を♪

　鉄道唱歌を歌い，「なぜ新橋駅が歌いだしに登場するのかな？　新橋駅は今も残っているのかな？」と問います。生徒には地図帳で確認させます。

　新橋駅は昔からありましたが，現在のJR新橋駅より南側の汐留と呼ばれるところにありました。右の写真は旧新橋駅を復元した建物です。では，1872年に新橋駅からどこまで鉄道が開通したのでしょうか。答えは横浜です。ただし，これも現在のJR横浜駅ではなく，現在の桜木町です。新橋駅と横浜駅はデザインが同じ双子の木造建築で，壁の外側に石が貼られていました。2駅間の運賃は1円12銭5厘で，東京で売られている米38キロと同じ値段でした。

💡 お台場といえば？

　新橋は，「ゆりかもめ」という新交通の始発駅にもなっています。東京湾埋立地を走る「ゆりかもめ」に乗り，10分ほどするとお台場駅に着きます。実はお台場はペリーの来襲に備え，砲台が築かれたところでした。現在は第三砲台跡が整備され台場公園となり，第六砲台は海上に浮かび当時の姿を留めています。

※写真は台場公園の砲台跡。ただし江戸期のものではない。

| 歴史 | 近代の日本と世界 | 明治時代・文明開化 |

21 お雇い外国人大活躍

お雇い外国人の出身国はどこが一番多いのか？ 給料はいくらぐらいもらっていたのか？ クラーク，モース，イングなどお雇い外国人を楽しく学ぶネタである。

お雇い外国人あれこれ

　イギリス119人，フランス49人，アメリカ16人，ドイツ8人
　いったい何の数字でしょうか。1872年における，お雇い外国人の国籍です。明治政府が富国強兵・殖産興業を目指して雇い入れた外国人を，「お雇い外国人」と呼び，明治期における総数は800人ほどでした。人数が一番多いのはイギリス人で，鉄道，通信，フランスは造船・製鉄，医学はドイツ，開拓使はアメリカとの関係が深く，「青年よ　大志を抱け！」で有名なクラーク博士もアメリカ人です。
　お雇い外国人と日本の総理大臣ではどちらの給料が高かったでしょうか。月給が一番高いのは，1870年に造幣首長として就職したキンドルで1045円でした。このころ総理大臣という職はなかったのですが，明治政府の官吏の最高額が太政大臣三条実美の800円なので，キンドルがいかに高給であったかがわかります。大森貝塚の発掘で名高いモースは350円でした。彼は考古学者のイメージがありますが，専門は生物学であり，ダーウィンの進化論を日本に初めて紹介しました。イングは，政府ではなく弘前の東奥義塾に雇われたアメリカ人ですが，英語を教えるかたわら農業指導も行いました。イングが弘前にもたらしたリンゴの種から改良された品種に，彼の名前であるイングもしくは出身州であるインディアナが転化しインドリンゴという名前がつけられたという説があります。最近インドリンゴは見かけなくなりましたが，王林や陸奥はインドリンゴの交配種です。

| 歴史 | 近代の日本と世界 | | 明治時代・地券 |

22　地券で学ぶ明治政府の財政改革

地券は高価なイメージがあるが，1枚500円程度で手に入る。土地の面積や税率などが書かれた表面だけでなく，裏面もしっかり見せたい。所有者の名前の変遷から，土地の売買が読み取れるからである。

💡 地券の裏にご用心

　実物の地券を見せて，「これは何だろう？　教科書にも載っているよ」と言います。「地券。それって本物？」と声があがります。「どこで買ったの？」という声もあがるので，次のように展開します。
　「古銭・切手屋で買ったよ。（阪和線南田辺駅近く。地券はヤフオクでも出品されている）。ところで地券って何？　『土地の券』そうだね。明治政府が発行した土地の所有権を認める証書ですね。なぜ明治政府は江戸幕府の年貢制度をやめて，地租改正を行ったのだろう？」生徒からは，「米を運ぶのが大変だから」「気候により収穫が変動するから」などの意見が出ます。
　ここで，地券を両面コピーして生徒に渡す。表面に書かれている，土地の広さ，種類，価格，所在地，所有者などを，「これは何？」と聞きながら確認する。その後で裏面に注目させる。複数の名前が書かれている。
　「なぜ名前が変わっているのだろう？　『売ったから』土地は売ってもいいのかな？　地租改正により地租を納めることになりましたが，売買は自由になりました。江戸時代だと土地の売買は禁止されていましたよね」
　地券改正（1873年）当初の地券は和紙に木版印刷されていました。しかし大量生産できないので，お雇い外国人を雇い印刷工場を建て，洋紙に印刷するようになります。洋紙は青色から茶色に代わっていきます。しかし1878年に印刷工場の火災が発生し，それまでは所有者が変わるごとに発行していたのをやめ，地券の裏に新たな所有者を書き連ねるようになったそうです。

| 歴史 | 近代の日本と世界 | 明治時代・日露戦争 |

23 正露丸？ 征露丸？

正露丸といえば，腹痛のときに飲む薬ということで生徒にもお馴染みである。日露戦争のときに赤痢やチフスを予防する薬として兵士に配られ，戦後は商品名を征露丸から正露丸へと改称したはずなのだが…

💡 奈良で売られている征露丸

　征露丸は日露戦争のときに兵士に持たせた薬であるというのは有名な話です。第二次大戦後に，ロシアを征服する薬という商品名は好ましくないと，商品名を「正露丸」に改めたという話もよく知られています。

　今では複数の会社によって正露丸がつくられ販売されています。商標を巡る裁判で，正露丸は一般商品名であるという判決も出ています。実はその中には「征露丸」のまま売られているものもあるのです。

　奈良県御所市にある日本医薬品製造株式会社が製造しているのがそれです。パッケージにはラッパのマークではなく，松本良順という人の写真が印刷されています。この人は幕末に活躍した医師で，将軍家茂の臨終を看取りました。戊辰戦争では幕府側の軍医を務め，近藤勇とも親交があったそうです。明治になると初代軍医総監に就任します。

　正露丸の話をすると，「その話は小学校のときに先生から聞いて知っているよ」と得意そうに発言する生徒が必ずいるのですが，買ってきた征露丸の実物を取り出し見せると，「えっ！　まさか」となります。ちなみに正露丸の中ではラッパのマークのものがお馴染みですが，商標のラッパは日清戦争で戦死したラッパ手で，戦前の修身の教科書に「死んでもラッパを放さなかった」と書かれていた木口小平のラッパに由来するという説があります。

歴史　近代の日本と世界　明治・大正時代・唱歌と童謡

24 「唱歌」と「童謡」どこが違うの？

唱歌と童謡。似ているようで実は成り立ちは全く異なる。混同しやすいことを逆手にとり，時代背景に迫っていく。国の制定した唱歌に対抗して民間でつくられたのが童謡であることを押さえたい。一節でも教師が歌うと盛り上がる。

💡 曲当てクイズ

　授業では，まず赤とんぼ，蛍の光，村の鍛冶屋を流し，歌詞を配ります。そして，「この３曲は唱歌？　童謡？　どう違うのかな。いつ生まれたのかな。誰がつくったのかな。学校で習うのはどっちかな」などと質問します。

　赤とんぼは童謡です。歌詞の「おわれて」を漢字で書くと？　「負われて」が正解。「追われて」ではないです。蛍の光は唱歌です。現在では，３番と４番は歌われていません。なぜでしょうか。

　(4)千島の奥も　沖縄も　八洲のうちの　まもりなり
　　　いたらん国に　いさおしく　つとめよわがせ　つつがなく

　村の鍛冶屋も唱歌です。1942年に発行された教科書では，３番と４番が削除されています。なぜ削除されたのでしょうか。

　(3)刀はうたねど大鎌小鎌　馬鍬に作鍬　鍬よ鉈（なた）よ
　　　平和の打ち物休まずうちて　日ごとに戦う　懶惰（らんだ）の敵と

板書

	時期	制定した機関・人	授業では	つくられた目的
唱歌	明治初期～1945	文部省制定	必修	日本人としての誇りを育てる
童謡	大正中期～昭和初期	民間人	やらない	子どもらしい豊かな心をはぐくむ

| 歴史 | 近代の日本と世界 | 明治時代・韓国併合 |

25 「旧朝鮮総督府庁舎」は保存すべきだったのか

> 1989年の夏,韓国へ一人旅をした。真っ先に向かったのが1995年に解体され,今は見ることができない国立中央博物館（旧朝鮮総督府庁舎）である。その建物を保存すべきだったのかどうかを議論させてみた。

💡 解体の是非を生徒に問う

韓国旅行で撮影した写真を見せながら,旧朝鮮総督府庁舎の建物は保存すべきだったのか,それとも壊してよかったのか,生徒に考えさせます。授業中に意見を求めましたが,今一歩だったため,（「先生はどうなの？」と聞かれたが,「保存に賛成」と答えました）も

う一度定期テストのときに問うてみました。テストで出題となると,いつもはあまり発言しない生徒も答えます。ときにはこのような仕掛けも必要です。

★問い　A. 保存すべきだった　B. 壊してよかった　C. その他　の
　　　　3つの中から自分の考えを選び,選んだ理由も述べなさい。
Aの意見：○韓国にとっては置いておきたくない役所かもしれない。だが私たちにとって歴史を学ぶために役立つかもしれない貴重な建物だと判断する。
　　　　○保存すべきだったと思います。なぜなら歴史の一つとして,生徒たちに見せなければいけないのではないかと思うからです。自分も一度見てみたいです。
Bの意見：○いつまでも保存していると,日本に支配されているみたいだから壊してよかったと思う。
　　　　○昔の忌々しい過去を忘れて,新しい未来を見ていくべきだと思う。過去を振り返ることは大切だけど,振り返っているだけではなく新しい未来を見る方が大切だと思う。
　　　　○王宮の敷地内にあるから壊すべきだと思った。
Cの意見：○韓国の人が決めることで日本人が口出しすべきことではない。

| 歴史 | 近代の日本と世界 | 明治・大正・昭和時代・病の歴史 |

26 "死の病"結核と湘南地方

> 歴史学習で病気が取り上げられることは少ないが，病気を通してその時代を見つめなおすことも可能だろう。湘南といえばサーフィンでにぎわう若者の海というイメージが強いが，戦後しばらくまでは……。

💡 結核で亡くなった有名人

滝廉太郎23，石川啄木26，樋口一葉24，新美南吉29

「この4人の共通点は何でしょうか。数字は何を意味しているのでしょう」と問いかけると「滝廉太郎は『荒城の月』で知られる作曲家です。石川啄木は『一握の砂』で知られる歌人です。樋口一葉は5000円札に描かれている作家です。新美南吉は『ごんぎつね』で有名な作家です」などが出てきます。

ジャンルは違うけれど4人とも文化人です。では，他の共通点はないでしょうか。実は4人とも死因が同じ肺結核です。数字は享年を表します。

　　呼吸すれば　胸の中にて鳴る音あり　凩よりもさびしきその音

結核に侵された晩年の啄木の短歌です。戦前の日本で結核は，治癒の難しい死の病として恐れられ，1930年代になると死因のトップにもなっています。啄木一家も結核感染のため，妻，母，次女が次々と亡くなりました。

授業では，次にサザンの曲をかけ，「サザンといえばどこのイメージ？　歌詞の中に出てくる江の島は何県？　烏帽子岩は本当にあるの？」と聞きます。

ご存知の通り，歌の舞台は神奈川県の湘南です。湘南というとサーファーの集う若者たちの海という雰囲気が強いですが，戦前は結核療養所がたくさん集まっていました。啄木の次女である房江も茅ヶ崎の結核療養所南湖院に入院しましたが，19歳で亡くなっています。1944年にストレプトマイシンが発見され，結核の治療に用いられるようになってからは，結核患者は激減します。

歴史 　近代の日本と世界　　　　　　　　　昭和時代・日本の紡績業

27 「東洋のマンチェスター」を支えたインドの綿花

中国や東南アジアに比べると，インドと日本の貿易面のつながりは薄いイメージがある。実は日本にとって，インドがアメリカに次ぐ貿易相手国であった時代があった。戦前の大阪の繁栄を支えたのは，インドだったのである。

💡 インドと日本

①日本の輸出相手国		②日本の輸入相手国		③綿花の輸入先	
1位 中国	575103	1位 アメリカ	809645	1位 アメリカ	49%
2位 韓国	558814	2位 韓国	485894	2位 X	41%
3位 アメリカ	535515	3位 中国	350338	3位 中国	6%
4位 X	275637	4位 台湾	314200	4位 エジプト	3%
5位 台湾	218141	5位 X	305645		

※（財）矢野恒太記念会『数字でみる日本の100年』より（数字はすべて1935年のもの　単位は千円）

表①②を見てみましょう。1935年当時の台湾，韓国，中国はどんな状況でしょうか。台湾，韓国は日本の植民地で，中国にも満州国がつくられていました。この表の中国には満州国の分も含まれています。この3地域との貿易額は多いけれど，純粋な貿易とはいえません。3地域を除くと，アメリカに次いで貿易額が多いのはX国ということになります。

では，X国はいったいどこの国でしょうか。正解はインドです。この時期，インドから何を輸入していたのでしょう。1897年には日本も綿糸の輸出量が輸入量を上回り，1933年には，日本の綿布輸出額が世界1位になります。その紡績業の中心地が「東洋のマンチェスター」大阪で，綿糸や綿布の原料である綿花はアメリカとインドからの輸入に頼っていました。1893年には日本郵船による日本初の国際遠洋航路がボンベイ・神戸間に開設されます。その最大の積荷はインド産綿花だったのです。

| 歴史 | 現代の日本と世界 | 戦後史・シベリア抑留 |

28 「異国の丘」が聞こえますか

流行歌は学校教育の場で低俗なものとして長い間避けられてきた。しかし流行歌は見えにくい大衆の心情を解き明かす有力なツールになりうるのではないだろうか。ここでは「異国の丘」(1948年)を取り上げる。

💡 歌から見えてくる歴史

　まず，授業では，NHKのど自慢のテーマソングをピアニカで吹き，「これはある番組のテーマソングです。番組名は？」と問いかけます。「のど自慢」という答えが出たら，「正解です。NHKの長寿番組で1946年から続いています。今も日曜日のお昼に放送されています。では，1948年の夏，この番組で歌われたことがきっかけとなりレコード化され大ヒットした曲があります。曲名は何でしょう」とクイズを出します。
　①リンゴの唄　②東京ブギウギ　③異国の丘
　「正解は③の『異国の丘』です」と言って，曲をかけ，次のように解説します。
　1945年8月8日，ソ連参戦により，満州は占領され，降伏した日本兵約60万人はシベリアに送られます。極寒の地で強制労働に従事させられ，病気や栄養失調で5万人以上が犠牲になりました。ウラジオストク郊外の炭鉱町アルチェムの捕虜収容所に抑留されていた日本人により作詞されたのが「異国の丘」です。収容所の演芸会で歌われていたこの曲を，抑留者の一人が，帰国後の1948年夏のNHKのど自慢で歌ったのがきっかけとなり，世に知られるようになります。
　（作曲の吉田正はその後ヒット曲を連発し，日本を代表する作曲家となる。吉田が満州で作曲した「大興安嶺突破演習の歌」が元の歌。）

| 歴史 | 現代の日本と世界 | 戦後史・戦後混乱期 |

29 ヤミ買いを拒んだ山口さん

> 英語でブラックマーケットと訳される闇市。平成生まれの生徒たちには馴染みがないはずだが，意外と言葉だけでなく内容もよく知っている。サザエさん一家を登場させながら，山口判事の生き方を考えさせたい。

💡 闇市とサザエさん

　戦後の混乱が続く1947年10月11日，山口良忠さんが亡くなりました。死因は栄養失調です。ヤミ買いをかたくなに拒んだ末の死でした。食糧難が続き配給だけでは栄養が足りない終戦直後，食料統制法により禁止されていたヤミ買いが横行し人々は闇市に群がりました。闇市から発展した商店街として上野のアメ横が有名です。大阪府下では93か所も闇市があったといいます。

　1949年朝日新聞で連載が始まったばかりの『サザエさん』には，サザエがカツオとワカメを誘い闇市にでかける様子が描かれたものがあります。家庭的なサザエさん一家でさえ法を犯しており，そのマンガの内容に朝日新聞がクレームをつけた様子もありません。それほどヤミ買いや闇市は日常的でした。

　では，ヤミ買いを拒み続け餓死してしまった山口さんの職業は何だったのでしょうか。山口さんは，このような言葉を残しています。

　「食料統制法は悪法だが，法律である以上絶対に守らなければならない。人を裁く【A】の身でどうしてヤミができるか」（※）

　この【A】には何が入るでしょうか。答えは「裁判官」です。

　裁判官としての信念を貫いた山口さんの生き方を，生徒たちはどう思うでしょうか。もし自分が山口さんの立場ならどうするか，という視点で考えさせたいです。

※　朝日新聞　1947年11月5日記事より

| 歴史 | 現代の日本と世界 | 戦後史・お札の公職追放 |

30 幻の仏像紙幣

1984年以降に使われているお札には文化人が描かれているが，それ以前は明治の元勲であった。戦後まもなく新しい紙幣のデザインが公募される。そこで採用されたのは，どんなデザインだったのだろうか？

💡 新しい紙幣に描かれた人とモノ

　終戦後間もない1945年10月のことです。戦前に発行されていた，皇室の忠臣たちの肖像画を描いた紙幣が「公職追放」され，新しいお札のデザインが募集されることになります。

　1円券は武内宿禰，5円券は肖像がなく彩紋と唐草模様，100円券は聖徳太子，500円券は京都・広隆寺の弥勒菩薩像，1000円券は新薬師寺の伐折羅大将が選ばれました。いずれも凸版印刷という民間企業の案でした。

　ところがGHQの経済科学局長クレーマー大佐から，高額の500円券，1000円券の発行はインフレを招くという指摘を受け，1000円券の伐折羅大将は10円券に，500円券の弥勒菩薩像は100円券に変更されます。

　また武内宿禰については軍国主義を彷彿とさせる，伐折羅大将は戦勝国に対する怒りの表情をしているように見える，弥勒菩薩像は逆に敗戦の悲哀を感じているように見える，という理由で不採用になります。最終的には1円券は二宮尊徳の肖像が採用されることになります。

　では，この1円券の下部に描かれているものは何だったでしょうか。麦，甘藷，稲，みかん，とうもろこしなどが描かれています。食糧難の時代なので，一生懸命食料増産に励めということだったのでしょうか。

　また，なぜ二宮尊徳は認められたのでしょうか。これは，GHQ幹部が「リンカンに匹敵する民主主義者」と，二宮尊徳を評価するなど，米国は彼を民主主義のシンボルとして考えていたようです。

| 歴史 | 現代の日本と世界 | 戦後史・60年安保闘争 |

31 「上を向いて歩こう」と60年安保

「上を向いて歩こう」は1961年の坂本九のヒット曲で，今も歌い継がれている名曲だ。発売後50年が過ぎているが古さを感じさせず，現代の中学生もよく知っている。「涙がこぼれないように」という歌詞の秘密を探る。

💡「上を向いて歩こう」と坂本九

「この曲知っている？」イントロクイズにすると生徒はのってくる。

「1961年のヒット曲『上を向いて歩こう』ですね。歌っている人は坂本九。坂本九の本名は大島九。九番目の子どもだったから九（本名は，「ひさし」）と名づけられたそうです。『上を向いて歩こう　涙がこぼれないように　泣きながら歩くひとりぼっちの夜』という歌詞があるけれど，涙がこぼれそうなのはなぜ？　なぜひとりぼっちなの？」

「集団就職で都会にやってきた少年が故郷の家族を思い出して泣いている」

「高度経済成長期に中卒者は『金の卵』と呼ばれたんだったね」

💡「上を向いて歩こう」の秘密

この歌の作詞者の永六輔は，テレビやラジオ番組で活躍していたタレントです。60年安保闘争が高まる中，いてもたってもいられなくなり仕事中の放送局を抜け出し，デモ隊に加わります。学生や労働組合員だけではなく文化人の中にも反対する人がいたのです。しかし新安保条約は自然成立。その敗北感を，小学生の生徒の心を借りて表現したのが「上を向いて歩こう」だったのです。でも歌は作者だけのものではありません。どう解釈するかは受け手の自由です。だから君たちの答えもすべて正解です。

参考：「上を向いて歩こう〜日本人の希望の歌　その真実〜」（NHK総合テレビ　2011年7月18日放送）

| 歴史 | 現代の日本と世界 | 戦後史・ビキニ水爆実験 |

32 沈めてよいか，第五福竜丸

クイズ形式，面白ネタ，実物，歌やマンガ…教材を工夫するのが，私の生きがいであるが，同じパターンでは「またか」と生徒に飽きられてしまう。ここでは「語り」によるまじめな授業で勝負！

💡 武藤さんと第五福竜丸

　このネタでは，次のように語りたいと思います。

　「武藤宏一さんを知っているかな？　彼は歴史の教科書に出てくる有名人ではありません。政治家でも活動家でもありません。1968年当時26歳で，ごく普通のサラリーマンだった武藤さんは，第五福竜丸が，ごみを埋め立ててつくられた東京の「夢の島」に棄てられ，解体処分を待つだけになっているという新聞記事を読みいたたまれなくなります。そして朝日新聞の投書欄である「声」に「沈めてよいか第五福竜丸」という投稿をします。

　第五福竜丸は知っているかな？　1954年，太平洋上のビキニ環礁で行われたアメリカの水爆実験に遭遇したマグロ漁船です。ちなみにビキニという女性水着名は，このビキニ水爆実験に由来しています。被爆した人の気持ちを考えないずいぶんとふざけた命名だね。外国の人が商品名にヒロシマやナガサキと名づけたら，被爆国の人間としてどんな気持ちになるかな。

　この武藤さんの投書がきっかけとなり，第五福竜丸を保存しようとする世論が高まり，当時の東京都の美濃部亮吉知事（「天皇機関説」で有名な美濃部達吉の長男）も賛同。第五福竜丸展示館が夢の島につくられ，そこに保存されることになりました。組織とかイデオロギーに縛られない市井の人の純粋な思いが，大きな力になることがあるのだね」

　武藤さんは1982年にガンのため亡くなりました。40歳の若さでした。核保有国が増え続ける世界を，どんな思いで見つめているのでしょうか。

歴史　現代の日本と世界　戦後史・家電製品の普及

33　シャープで学ぶ戦後家電史

現在は，経営再建中のシャープだが，優れた技術力により生み出された商品の数々は，日本の家電産業の歴史を語る際には欠かせないものばかりだ。シャープの歴史を通して，家電生活の移り変わりを学ばせてみたい。

💡 シャープの歴史

　奈良県の天理市は天理教の本部があることで知られていますが，ある有名な企業の研究所もあります。シャープです。1970年に大阪で万博が開かれます。地元大阪の家電3社のうち，松下電器，三洋電機はパビリオンを出しますが，シャープは参加を見送ります。そしてパビリオンを建てるはずの費用で研究所をつくります。それが天理の研究所でした。「千里より天理」と言われ話題になりました（千里は万博会場のあったところ）。半年で壊すパビリオンよりも研究所，という選択をしたのです。

　このシャープ，生徒たちが使っているシャープペンシルとは関係あるのでしょうか。シャープ創業者の早川徳次は，1915年にシャープペンシルの原型を発明しました。シャープの社名はシャープペンシルに由来します。ところが1923年の関東大震災で東京都墨田区にあった工場が焼けてしまい，早川は妻と2人の子どもを亡くします。その後，シャープペンシルの特許を売って得たお金で大阪に新しい会社をつくります。ラジオ放送が始まった1925年には，国産初の鉱石ラジオを，テレビ放送が始まった1953年には国産初の商業用テレビを販売します。電卓や電子レンジを開発したのもシャープですし，現在「環境に優しい」エコ商品として注目されている太陽電池も，1963年にシャープが日本で初めて量産に成功しています。

　シャープの経営史を軸にするとバラバラの知識がひとかたまりの社会史となっていきます。地域の企業史に注目して，教材化したいものです。

| 歴史 | 現代の日本と世界 | 戦後史・東京オリンピック |

34 1964年のオリンピックとは何が変わったか

去る2016年はオリンピックイヤー。東京オリンピックも目前だ。前回の東京オリンピックを振り返り，1964年と現在では，日本，そして世界はどう変わっていったのか。参加競技や選手を通して見つめてみたい。

東京オリンピックと社会の変貌

　1964年の東京オリンピックで日本が取った金メダルは16個です。では，そのうち女子が取ったのはいくつでしょうか。正解はバレーボールのみで1つです。

　現在，日本女子のお家芸になっているレスリングや柔道は男子のみの競技でした。当時と現在の女性像を比較すると，男女平等社会への道のりを考えさせることができると思います。「東洋の魔女」と呼ばれた女子バレー選手は日紡貝塚の所属で，当時は紡績業が花形産業だったことも押さえたいです。

　日本発祥の競技で，この大会から正式種目になったのは，柔道です。当時は4階級に分かれ，3階級は金独占。最後の無差別で負けてしまいました。勝ったのは，オランダのヘーシンク選手です。日本が負けたのは残念でしたが，柔道が国際化するきっかけになります。

　マラソンの優勝者は，エチオピアのアベベ選手。ローマ大会に続く2連覇でした。勇姿に感動が起こりました。

　金メダル獲得数1位はアメリカの36個でした。2位はソ連の30個です。冷戦下，ソ連は国家・体制（社会主義）の威信をかけて，アメリカとの金メダル獲得競争にしのぎを削っていました。ドイツは「統一東西ドイツ」として参加しました。日本の女子バレーは決勝でソ連と対戦しました。体格で劣る日本が打倒ソ連のために編み出した必殺技は回転レシーブです。教師が真似をすると盛り上がります。

歴史　現代の日本と世界　世界史・奴隷解放宣言

35　リンカンは奴隷解放の父なのか？

> リンカン＝奴隷解放の父というイメージが強い。黒人差別と勇敢に闘った民主主義者リンカンというのは実像なのか。具体的な彼の発言から真相に迫るネタである。

💡リンカンと奴隷解放宣言

「ワシントン」「リンカン」、そしてニューディール政策で知られ、第二次大戦中の大統領でもあった「フランクリン・ローズベルト」が、アメリカの歴代大統領人気ベスト3としてあげられることが多いです。

ワシントンは、独立の父であり、初代大統領です。リンカンは、南北戦争のさなかに、奴隷解放宣言を出した大統領です。オバマ大統領は、就任式でリンカンの使った聖書に手を触れ、宣誓を行いました。

リンカンは南北戦争の最中、激戦地ゲティスバーグで演説を行います。「人民の人民による人民のための政治」です。実はこの言葉は彼のオリジナルではありません。宗教改革の先駆者ジョン・ウィクリフが翻訳した旧約聖書の序文に書いた言葉を、パーカー牧師が著書で引用し、さらにリンカンが孫引きしたそうです。

リンカンは奴隷解放宣言を出したことから、「奴隷解放の父」とも呼ばれています。しかし「奴隷所有者には税金をもって補償する。そして可能ならば自由になった黒人を海外に移住させる」「黒人と白人の違いは著しく、両人種が一緒になるとお互いが不幸となる。例えば黒人がいなければこの戦争もなかったであろう。それゆえ両人種は別れて生活した方がよい」といった現実的な思考の持ち主でした。誕生日2月12日は30州で祝日になっていますが、奴隷制の廃止に反対した南部諸州では祝日ではありません。逆に南部連合のリー総司令官の誕生日1月19日は、南部諸州のみ祝日です。

| 歴史 | 現代の日本と世界 | 世界史・キューバ革命とプロ野球 |

36　"チコ"はなぜ故国に戻れなくなったのか

> 日本のプロ野球球団との契約が認められたキューバ選手が続々と登場しています。野球を国技とし，五輪でも金メダルを獲得したキューバの選手の活躍が期待されます。そのキューバから60年前に来日した選手とは？

💡 キューバからやってきたバルボン選手

　毎年日本のプロ野球に外国人選手がたくさんやってきます。でも活躍せずにすぐに退団したり大リーグに復帰したりで，何年も日本でプレーし続ける選手は少ないです。1955年阪急ブレーブス（現在のオリックス）にバルボン選手が入団します。3年間プレーしてキューバに戻るつもりだったそうですが，11年間も日本のプロ野球球団に在籍します。内野手として活躍し盗塁王を3度獲得。オールスターにも出場します。"チコ"の愛称で人気者となったバルボン選手は，引退後も日本に残り野球解説や通訳の仕事を続けます。

　なぜバルボン選手は3年でキューバに帰らずに日本に残ったのでしょうか。

　彼が日本で活躍していた1959年に祖国キューバで革命が起こります。革命を指導したカストロはアメリカと断交し，ソ連の援助を受け社会主義国となります。1962年にはソ連がキューバにミサイル基地を建設しようとし，「キューバ危機」が発生。アメリカ本土とキューバは，約150キロしか離れていないのです。このような国際情勢下，バルボン選手はいったん帰国すれば再来日が困難になるため，祖国には戻らなかったのです。

　2014年からキューバの野球選手が国外でプレーできるようになりました。今までも日本でプレーしたキューバ人選手はいましたが，アメリカへ亡命したのちに来日した選手でした。2015年7月アメリカとキューバが国交を回復しました。バルボン選手はどんな思いでこのニュースを聞いたのでしょうか。

| 歴史 | 現代の日本と世界 | 世界史・ドイツの分裂とベルリンの壁 |

37 ベルリンの壁で学ぶドイツ現代史

「ベルリンの壁」という言葉は知っていても，ほとんどの生徒は，ベルリンや壁の位置を誤解している。ベルリンの壁崩壊の前年の写真も使いながら，壁からドイツ現代史を学ばせるネタである。

💡 ベルリンの壁はどこにあるの

生徒に次のように問いかけます。「ベルリンの壁って聞いたことある？東西ドイツを隔てる壁というイメージがあるけれど……どこにあるのかな？地図を見て答えよう」。

第二次世界大戦終結後，敗戦国ドイツは，米・英・ソに仏を加えた四国により分割管理されます。南東部は米国，南西部はフランス，北西部は英国が占領し，ベルリンを含む北東部はソ連の管理地域にありました。しかし首都ベルリンの東側はソ連，西側は米英仏の分割管理を受けました。両陣営が異なる通貨を発行するなど対立が深まり，ベルリンは東西に分裂します。

東から西への亡命者が相次いだため，東ドイツは1961年にベルリンの壁を建設します。写真は1988年のもの。西ベルリン側から撮影。ドイツ帝国の象徴ブランデンブルグ門の周辺地域では，壁が二重になっており警備兵もいて近寄ることはできませんでした。一方西ベルリン側の壁には，メッセージが書かれていたり，絵が描かれていたりしました。

歴史 | 現代の日本と世界 | 世界史・洋菓子と歴史

38 洋菓子が奏でる歴史

洋菓子といえば生徒たちの大好物。しかしただ食べるだけでなく，その背景にある歴史にも興味をもたせたいものである。洋菓子会社名からロシア革命，租借地を，クリスマスのお菓子からヨーロッパの多様性を学ぶネタである。

💡 洋菓子会社から学ぶ世界史

　モロゾフ・ゴンチャロフ・ユーハイムといえば，生徒にも馴染みの神戸発祥の洋菓子会社。創業者の名前が，そのまま社名になっています。
　彼らはどこの国の人でしょうか。モロゾフとゴンチャロフはロシア人です。ロシア革命を逃れ日本にやってきて，神戸で洋菓子づくりを始めたのでした。一方のユーハイムはドイツ人。ドイツの租借地であった中国・青島に住んでいました。しかし第一次世界大戦でドイツが敗れたため，ドイツにとって代わった日本の捕虜となってしまい，日本に連行されました。その後横浜で洋菓子店を始めますが関東大震災に遭遇し，神戸に移住し「ユーハイム」を開店します。バームクーヘンを日本で初めて焼いたのがユーハイムでした。

💡 クリスマスのお菓子から学ぶ世界史

　クリスマスにデコレーションケーキを食べる習慣は，どこの国から始まったのでしょうか。正解は日本です。クリスマスに，ドイツではシュトーレンという棒型の焼き菓子を食べます。キリスト降臨を知り東方からやってきた三博士の杖になぞらえたものという説があります。スイスでは，香辛料を利かせたはちみつ入りクッキーで家型のお菓子（ヘクセンハウス＝魔女の家）をつくります。中世ヨーロッパで教会が巡礼者に参拝記念として配っていたものです。イタリアではブドウ入りのパンを食べます。

3章

明日から使える！
中学公民のネタ

公民 私たちが生きる現代社会と文化　　情報化・国際化

1　米ヤフーとヤフージャパン

米通信大手ベライゾン・コミュニケーションによるヤフーのインターネット部門買収のニュースがかけめぐった（2016年7月25日）。ヤフージャパンはどうなる？　日米のヤフーの関係性から，グローバル企業を考えさせる。

💡 ヤフージャパンは米ヤフーの子会社なのか？

　生徒たちに「みんなが使っている検索エンジンはどこの会社のものかな？」と問うと，「ヤフー」「グーグル」という声が多くあがります。

　日本の検索エンジンのシェアは，スマホではグーグル約60％，ヤフー約35％です。しかしインターネットサービス全体の利用者数は，スマホではグーグル4735万人，ヤフー4446万人と拮抗し，PCではヤフー3892万人，グーグル2491万人と逆転します（※2015年度　出典：ニールセン）。

　ここで，また生徒に「なぜでしょうか」と問います。「ヤフーの方が，サービスが充実しているから」といった意見を言う生徒がいるかもしれません。ヤフオクはオークションの代名詞になり，出品料・手数料が無料（法人）で知られるヤフーショッピングも楽天と肩を並べています。

　ところが米ヤフーは，後発のグーグルに検索エンジン首位の座を奪われ，関連サービス展開も停滞し，2015年には営業赤字に転落。そこで中核のインターネット部門を売却し，経営の立て直しを図ろうとしています。

　ヤフージャパンにとって米ヤフーは第2位の大株主で，検索技術の利用料やブランドの使用料を支払っていますが，経営母体は異なり，Yahoo!Japanの親会社はソフトバンクです。ちなみにyahoo!とはどんな意味でしょうか。Yet Another Hierarchical Officious Oracle（少し気の利く階層的でお節介なデータベースの意味）の頭文字をつないだものと，ガリバー旅行記に登場する野獣Yahooを重ねているそうです。

| 公民 | 私たちが生きる現代社会と文化 | 異文化理解 |

2 リンゴは何色？ 太陽は？

異文化理解という言葉が教科書にも登場している。できるだけ面白いエピソードを交えて噛み砕いて，誰もが理解できるようにしたい。食べ物や宗教は異文化理解の定番だが，ここでは色に注目したネタを紹介する。

💡 赤い果物と太陽

次のような具体例をあげて生徒に異文化理解を促します。
「赤色と聞いて思い浮かぶものを3つあげよう」「リンゴ」「太陽」「血」
「実はフランスでは，リンゴは赤く描かれません。緑色です。確かに日本でも赤色以外の黄色や青色のリンゴってあります。でも赤いリンゴが好まれていて，リンゴといえば赤のイメージが強いよね。フランスで，赤といえばどんな果物をさすでしょうか？」
スイカ，イチゴなどの意見が出ますが，正解はサクランボです。ではフランスでは，太陽は何色に描かれるでしょうか。フランスだけでなく西ヨーロッパでは黄色です。月は日本では黄色に描かれますが，ヨーロッパでは白色です。それにしても日本とフランスでは，かなり色彩感覚が違いますね。

💡 国旗と月

西アジアの国々の国旗には，月がよく描かれています。月に対するイメージはどんな感じでしょうか。生徒からは，「寂しそう」「暗い」という答えが多いようです。一方，「太陽は？」と問うと，「明るくて元気」と答えます。では，なぜ太陽ではなく月が描かれているのでしょうか。砂漠地帯やその周辺に暮らす人たちにとって，太陽は暑苦しいイメージが強く，一方の月は涼しそうに感じます。だから国旗には月が描かれているのです。太陽を国旗に取り込んでいる日本とは，考えがずいぶん違いますね。

| 公民 | 私たちが生きる現代社会と文化 | 環境問題 |

3　トヨタと日産のエコカー対決

トヨタに続きホンダも FCV 車の販売を開始した。水素と酸素を反応させて電気をつくる燃料電池を搭載した期待のエコカーである。一方でライバル日産は，エタノールを使った燃料電池車を開発。さあどちらに軍配が？

💡 MIRAIってどんな車かな

トヨタの FCV（燃料電池自動車）の MIRAI の写真を見せ，次のように話します。

「この車の名前は，トヨタの MIRAI です。家にある人いる？　乗ったことがある人は？　実はこの車の燃料はガソリンではありません。何だろう？　水素です。水素と酸素の化学反応によって生まれた電気エネルギーを使い，モーターを回すのです。走行時には水蒸気が出ますが，有害な排気ガスの排出はきわめて少なく，騒音も少ない，燃料の水素は水などから無尽蔵に得られ，枯渇する心配がないなどの利点があります。

問題点は，水を分解し水素を取り出す際に，電気が使われているということです。水素は石油精製工程や天然ガスなどの化石燃料を改質するときにも発生しますが，FCV 車には，水を電気分解した「純水素」が使われています。日本の発電量の大半を占める火力発電所では，石油や石炭など化石資源が使われているというわけで，究極のエコとはいえません。

この MIRAI は723万円もします。ただしエコカー減税で最大約202万円の補助がつくので，実質521万まで下がります」

2016年６月に日産自動車がバイオエタノールを化学反応させ得られた水素を燃料とする新エコカーを発表しました。水素を得るときに CO_2 は発生しますが，成長過程で CO_2 を吸収する植物を燃料として利用して，排出量を相殺しようとするものです。トヨタ VS 日産　さて軍配はいかに？

| 公民 | 私たちが生きる現代社会と文化 | 日本の伝統文化 |

4 生活の中に見つけた囲碁用語

ゲームに押されて日本の伝統的な遊戯が斜陽である。囲碁愛好者も減り，囲碁盤そのものがないという家も少なくない。しかしどっこい生活の中に囲碁は生きている。日本の伝統文化である囲碁に目を向けさせるネタである。

💡 囲碁用語あれこれ

駄目，布石，定石，一目置く，傍目八目，先手後手，八百長…
「この中で知っている言葉はあるかな？ 実は日本のある伝統的な遊戯で使われる用語だけど，何だろう？」と生徒に聞いてみると，「将棋？」といった声があがります。

正解は囲碁です。囲碁は陣地が広い方が勝ちですが，駄目は「双方の境にあってどちらの地にもならない空所」をいいます。布石は「対局の序盤に作戦を立てて，見通しをもって石を打っていくこと」で，布は「配置すること」，石は「碁石」を意味します。転じて「将来のための用意や準備」を意味します。

定石は，「最善手とされる決まった形の打ち方」を言います。先手，後手は将棋でも使いますが，「先に打つ人」「後の人」のことを言います。先手や後手を使った言葉には，「先手必勝」「後手に回る」といった言葉があります。

正倉院には聖武天皇が愛用した木画紫檀碁局（もくがしたんききょく）という碁板が収納されています。古典文学の中にも碁が登場します。枕草子の135段では，「つれづれなぐさむるもの」として，「物語，碁，双六」があげられています。源氏物語の空蝉の巻では，横恋慕する人妻の空蝉が囲碁を打つ風景を，光源氏が覗き見するシーンが描かれています。清少納言も紫式部も囲碁をたしなんでいたようです。八百長は，八百屋の長兵衛が機嫌取りにわざと囲碁を負けたことに由来します。

| 公民 | 人間の尊重と日本国憲法の基本的原則 | 憲法学習 |

5 旧民法が現代に生きていたら？

"平成2ケタ"世代の中学生にとっては、「国民主権」も「基本的人権の尊重」もあたりまえとしか感じない。新旧民法を比較し学ばせる中で、現憲法の価値を実感させてみたい。旧民法が現代にも生きていたら、さて？

💡旧民法下のあたりまえを考えさせるクイズ

Aさん一家はアパートを出て、新しく家を買うことになりました。

お父さん「庭つきの家で2階建てがいいな。郊外で通勤時間はかかるけど、自然に囲まれて最高だ」お母さん「庭の手入れが面倒だから、マンションにしましょうよ」子どもたち「お母さんの意見に賛成。駅前のマンションが便利でいい。都会じゃないと嫌だ」

さてどちらの意見が通ったでしょうか。1対3でお父さんの負けではありません。お父さんの勝ちです。旧民法には、「家族は戸主の意に反して、住むところを決めてはいけない」という条文があったからです。戸主であるお父さんの意見に、妻や子は逆らうことはできませんでした。

旧民法下で、結婚するときに必ず必要なものは何でしょうか。「愛」「信頼」「お金」「家」…。正解は「父母の同意」です。親の意に反して、結婚しようとすると「勘当」といって縁を切られ法律上の親子ではなくすることができました。現民法では勘当はできません。新憲法では「婚姻は両性の合意のみに基づいて成立する」とされ、夫婦同権がうたわれています。

離婚の理由として認められないものはどれでしょうか。「①妻が夫以外の男性と不倫したとき」「②夫が妻以外の女性と不倫したとき」「③夫がわいせつ罪で訴えられ、有罪になったとき」正解は②。現代では信じられないことですが、旧民法下では、財界人や政治家には妾をもつ人もいて、そのことが甲斐性ありとされていました。旧民法は男尊女卑を基調としていたのです。

| 公民 | 人間の尊重と日本国憲法の基本的原則 | マスコミ報道のありかた |

6 松本サリン事件を通して新聞の犯罪報道を考える

1994年に起きた松本サリン事件報道について取り上げる。犯人扱いされた第一発見者の河野義行さんは，自身の体験を通して報道のあり方を考えてほしいという提起をされているので，教材として利用することが可能である。

💡 松本サリン事件報道

　松本サリン事件は，1994年６月長野県松本市の住宅街に散布されたサリンにより８人の方が亡くなられた事件です。被害者の１人で第一発見者として警察に通報した河野義行さんに嫌疑がかけられ，重要参考人として警察の取り調べを受けていると新聞に大きく報道されることとなります。ところが1995年３月に地下鉄サリン事件が発生し，松本の事件もオウム真理教が関わっていたことが明らかになっていきました。

　どうすればこのような報道被害は防げるのでしょうか。
・裁判で判決が確定してから実名にする。被疑者の段階や一審や二審の段階での実名報道は避け，仮名にする。
・判決が確定した後も，えん罪である可能性がないとはいえないので実名報道はすべきでない。
・実名報道でもいいが，訂正記事は大きく出すようにする。訂正記事は小さいし，見逃してしまいそうだ。
・警察の発表だけを書くようにすべきだ。マスコミは報道を先走るべきではない。
・本人が罪を認めているときは実名報道でもいいのではないか。
・実名が出てしまうと刑務所を出た後も名前が知れ渡っていて，再就職が難しくなるからやはり実名報道はやめるべきだ。
・重大な事件については実名で，小さな事件については匿名で報道する。

公民	人間の尊重と日本国憲法の基本的原則	男女共同参画社会

7 在職中に子どもを産んだ国会議員はいるのか？

少子高齢化対策が急がれている。女性に結婚か仕事か迫るのではなく，両立が可能で，いったん退職しても復帰しやすい社会をつくれば，結婚し出産する女性が増えるはずだ。では国民の代表である国会議員はどうなのか。

💡 国会議員と出産

「日本の国会議員の中で，在職中に出産した経験のある人はいるかな？」
「いるかも」「国会議員は忙しいから，無理だと思う」

1949年に園田（旧姓松谷）天光光（てんこうこう）が国会議員として初めて出産しています。ライバル政党の代議士と不倫をして結婚，当時話題になりました。その後しばらくは国会議員の出産は途絶えましたが，2000年に橋本聖子参議院議員（元スケート選手）が出産しました。在職中に出産した現職の議員として，小渕優子，有村治子，野田聖子，丸川珠代が（いずれも自民党），元議員としては水島広子，高井美穂がいます（いずれも当時の民主党）。

では，日本の国会議事堂に子どもを預ける施設（保育所）はあるのでしょうか。答えはNoです。しかし，アメリカ，スウェーデンには国会内に託児所があり，スウェーデンでは議員の育児休業制度もあります。

2010年現在，スウェーデンの国会における女性議員の割合は45％です。ノルウェーは39.6％，女性首相のいるドイツは32.8％です。なぜこんなに女性の比率が高いのでしょうか。実はこれらの国ではクウォータ制が採られています。女性議員の比率を高めるため，各党が候補者の一定割合を女性にしているのです。また政党に投票する比例代表制が採用されていることも，クウォータ制を根づきやすくしています。ちなみに日本の衆議院における女性議員の割合は9.5％，参議院は15.7％です（2015年9月1日現在）。「男女共同参画社会」というからには，まずは国会がお手本になってほしいのですが……。

公民　民主政治と政治参加　　　国会

8　タレント議員

国政選挙のたびに話題になるのがタレント議員である。顔が売れている大物芸能人なら当選間違いなしというのは，過去のデータが示している。選挙が人気投票になっているのは否めない。タレント議員の是非を考えさせる。

💡 現職のタレント議員

「次にあげる政治家の役職名と政治家になる前の職業名を答えなさい」と言い，選択肢をあげます。①小池百合子　②蓮舫　③丸川珠代　④馳浩
　①現東京都知事で，元ニュース番組キャスター　②民進党の新代表で元キャンペーンガール　③東京オリンピック・パラリンピック担当国務大臣で元アナウンサー　④前文部科学大臣で元プロレスラー，国語科高校教員

俳優・アナウンサー・スポーツ選手・テレビによく出ている大学教員などから，議員に転身した人をタレント議員と総称しています。東京都知事は青島幸男（放送作家・作詞家）→石原慎太郎（作家）→猪瀬直樹（ノンフィクション作家）→舛添要一（元東大助教授）→小池百合子と，しばらくタレント出身の知事が続いています。2016年7月に行われた参議院選挙でも，比例区で元SPEEDの今井絵理子，東京選挙区で元バレーボール選手の朝日健太郎が初当選し，神奈川選挙区では元女優の三原じゅん子が再選されました。

生徒に「なぜタレントを選挙に擁立するのだろう？」と問うと，「テレビに出て顔が売れていて，票を集めやすいから」と答えるでしょう。確かにテレビに出演して知名度が高いのは，選挙には強みです。

タレントとは，才能という意味です。タレント議員の中には一期目の任期を終えると議員を引退したり，再選を目指したものの二期目には落選したりする議員もいます。その道で一流になった経験を活かし，文字通りに「才能ある議員」と言われるようになってほしいものです。

| 公民 | 民主政治と政治参加 | 総理大臣 |

9 総理大臣面白クイズ

政治制度の学習は人気がない。そこで楽しく総理大臣を学べるクイズ形式のネタを考えてみた。これをきっかけに政治そのものへの関心が芽生えてくれることを願いながら。

💡 初代の総理大臣は？

「初代の内閣総理大臣は誰でしょう？」
　伊藤博文。初代貴族院議長，初代枢密院議長を務めたのも伊藤でした。また韓国統監府の初代統監も彼でした。
「兄弟で総理大臣になった人はいるのかな？」
　一組だけいます。岸信介と佐藤栄作です。実は２人とも養子になりました。岸は1960年の安保条約改定時の首相ですが，佐藤家から父親の出身である岸家の養子になります。佐藤栄作は佐藤家の分家から，本家の佐藤家の養子になりました。ですから名字はそのままです。1933年の国連総会に首席全権として出席し，国連脱退を表明した松岡洋右は栄作の妻の叔父にあたります。岸信介の長女の次男が安倍晋三首相です。
「DAIGOのおじいちゃんは誰？」
　元首相の竹下登です。DAIGOのお母さんのお父さんにあたります。1987年11月から1989年６月まで首相を務めました。「ふるさと創生」政策や消費税導入（当時の税率は３％）をしました。任期中の1989年１月には，年号が昭和から平成に変わっています。
「一番多くの総理大臣を輩出している都道府県はどこ？」
　山口県です。今までに紹介した伊藤博文，岸信介，佐藤栄作，安倍晋三を含む８人が総理大臣になっています。いわゆる長州閥ですね。ただし安倍首相は東京生まれ東京育ちで，選挙区が山口にあります。

| 公民 | 民主政治と政治参加 | 政党政治 |

10 地域限定政党ってあるのかな？

地方自治体の「ゆるキャラ」やお菓子の地域限定版が大人気である。では地域限定の政党はあるのでしょうか。とかく難解なイメージの強い政党を，楽しく学習するネタである。

💡 地域限定

ゆるキャラが大人気ですね。地域限定のお菓子も話題を呼んでいます。

生徒に「どんな地域限定のお菓子を食べたことがありますか？」と問うと，「夕張メロンのポッキー」「ハイチュウの沖縄限定シークワーサー味」などの答えが返ってきました。そこで，「では，地域限定政党ってあるのかな？」と問いかけてみると，「大阪維新の会がある」といった意見が出ました。「大阪維新の会」は国政選挙で，大阪以外でも候補者を擁立して当選者も出しています。大阪のイメージが強すぎるので，党名を元の日本維新の会に戻すそうですが，地域政党とはいえないですね。

💡 各地の地域政党

松山千春の「大空と大地の中で」を流し，次のように問いかけます。「国政選挙期間中は，NHK『のど自慢』でこの曲を歌うことができないそうです。なぜでしょうか」。松山千春は北海道出身のシンガーソングライターですが，新党大地の名づけ親です。党名の「大地」は彼のこの曲に由来し，党のテーマソングにもなっています。特定政党をイメージさせる曲を，選挙期間中にテレビで流すことは公平性が損なわれるので，できないのです。

その他の地域政党としては名古屋に本部のある「減税日本」や「沖縄社会大衆党」があります。沖縄社会大衆党は米国統治下の1950年に設立された老舗の地域政党で，国会にも議席があります。

| 公民 | 民主政治と政治参加 | 地方財政の現状と課題 |

11 「命名権」ビジネス

命名権ビジネスが流行している。確かに名前を売る側にも買う側にもメリットはあるのだが，問題点も出てきている。生徒がよく知っている競技場名を使いながら，地方自治体が参入する是非を考えさせてみたい。

💡 命名権ビジネスって何？

　味の素スタジアム，日産スタジアム，ケーズデンキスタジアム水戸。これはあるスポーツの競技場名です。

　正解はサッカーです。このように大きな競技場や体育館などの愛称をつける権利を企業に売る，「命名権ビジネス」が盛んになっています。

　例えば味の素スタジアムは東京都，日産スタジアムは横浜市がそれぞれ所有しています。財政難に悩みながらも施設を維持している地方自治体にとって，施設の名前を売ることは，元手要らずの「おいしい取引」といえるでしょう。しかし，神戸市が所有する神戸総合運動公園内の野球場は契約が長続きせずに，グリーンスタジアム神戸→Yahoo!BBスタジアム→スカイマークスタジアム→ほっともっとフィールド神戸と，次々と愛称が変わっていきました。これでは利用者は混乱するでしょう。また名古屋市民会館は，2007年に中京大学文化市民会館に名称が変わりました。大学の付属施設のような印象を受けてしまいます（2012年からは日本特殊陶業市民会館に）。

　また命名権を買った企業が不祥事を起こしたり，命名権を売り出しても買い手がつかなかったというケースも生じています。

　2012年11月に大阪府の泉佐野市は，ある命名権を売り出します。市の施設の命名権ではありません。何を売り出したのでしょうか？　正解は市の名前です（応募なしで契約は成立せず）。

　地方自治体の命名権ビジネスにあなたは賛成？　それとも反対でしょうか。

| 公民 | 民主政治と政治参加 | 司法制度 |

12 司法制度 これだけは知っておきたい
～検察・弁護士・国家補償～

> 司法や裁判というと生徒たちは難しそうなイメージをもつ。法律用語が難解ということが大きな原因だろう。生徒が間違えやすい用語をわかりやすい言葉で解説し，万が一トラブルに巻き込まれたときに役立つ知識も盛り込んだ。

💡 どう違うの？　警察と検察

　被疑者を割り出し，逮捕するのが警察。その被疑者を裁判にかけるかどうか（起訴）を決めるのが検察。ただし重大事件については，検察特捜部が独自捜査をし，被疑者を逮捕することもありうる。被告と被告人も間違えやすい。民事裁判において訴えられた人が被告，刑事裁判において起訴された人が被告人（マスコミ報道においては，被告人も被告と報道されている）。

💡 お金がないときは，弁護士を頼めないのか？

　刑事裁判では，無償の国選弁護人を依頼することが認められている。民事裁判においても，無料の法律相談や弁護士費用の立て替えなどもしてもらえる「法テラス」という機関が各地にある（ただし所得制限等がある）。

💡 裁判は見学できるのか？（3択で）

　A：裁判の関係者だけが見学できる　B：誰でも見学できる　C：成人だけが見学できる　答えはB（家庭裁判所等で扱う非公開事件をのぞく）。

💡 冤罪が判明したときの補償金は？

　刑事補償法では，抑留期間1日あたり1000円から12500円が支給される。納得できるかな？　過去に例はないが，死刑執行後に無罪が判明した場合は？　3000万円以内が支払われる。

公民　民主政治と政治参加　司法制度

13 裁判官も裁判にかけられることがあるのだろうか？

裁判官を裁く弾劾裁判は，一般の裁判に比べなじみが薄い。もちろん弾劾裁判が頻発し，おなじみになってしまう世の中は困るのだが。弾劾裁判に関わる実際の事例を紹介しながら，生徒たちの意見も聞いてみたい。

💡 裁判官を裁く裁判所

「犯罪行為を裁くのが裁判官の仕事ですが，裁判官自身が裁かれることはあるのでしょうか。あるとしたら，一般の人と同じ裁判所？　それとも？」

　裁判官は心身の故障，公の弾劾，最高裁判所の裁判官に対する国民審査によって過半数が罷免を可とした場合以外に辞めさせられることはありません。政治的な圧力から守るために，身分が保障されています。「公の弾劾」とは弾劾裁判のことで，裁判官としてふさわしくない行為があったときに，国会に設置された弾劾裁判所で裁かれます。裁判官は国会議員が務めます。

💡 弾劾裁判所の裁判官になり判決を下そう

　実際の事例を見て，罷免するかどうかマイ判決を出してみましょう。
①勤務する静岡の裁判所の仕事を休み，魚を仕入れにいく友人の商談に秋田まで同行した。裁判官は以前秋田に住み，知り合いが多くいた。戦後間もない1948年の出来事で，この商談は正規でない闇ルートであった。
②前総理大臣が収賄事件で逮捕された事件に関連して，検事総長の名をかたり内閣総理大臣に電話をかけ，事件と関連があるのではないかと噂になっていた当時の自民党幹事長の逮捕を示唆し，その反応を確かめようとした。
③ホテルなどで3人の少女に児童買春をした。
④裁判所職員の女性に対し，ストーカー行為をした。
⑤電車内で，女性のスカート内の下着を盗撮した。（①以外は罷免された）

| 公民 | 市場の働きと経済 | アメリカの政治 |

14 2ドル札の肖像画は誰？

お札の図案は，その国の歴史や社会を知る手がかりになる。米ドルでは1ドル札のワシントン，5ドル札のリンカンは有名だが，さて2ドル札に描かれているのは誰？　そもそも2ドル札ってあるの？

💡 珍しい2ドル札

　米1ドル札と5ドル札を見せながら，「1ドル札に描かれている人は誰？」「ワシントン」「5ドル札は？」「リンカン」と続けてやり取りします。

　ワシントンは初代大統領，リンカンは南北戦争中の1963年に奴隷解放宣言を発した大統領です。

　では右の写真のアメリカのお札は，何ドル札で，描かれているのは誰でしょうか。

　答えは，トマス＝ジェファソンです。独立宣言を起草した中心人物で，第3代の大統領も務めました。ところがこの2ドル札は使い勝手が悪く，日本の2000円札のように，あまり流通していません。

　このお札を見せながら，生徒にクイズを出します。「たまにおつりに混じって手にすることがあると，アメリカ人はどう感じるでしょうか？　A：幸運な感じ　B：不吉な感じ」。

　これには，両方の説がありますが，アメリカ人のALTの先生に尋ねると，Aでした。ALTの先生の従兄弟が2ドル札を収集していて，かなり大量に貯めているそうです。不吉に感じるのなら，収集するはずはないですね。

　ちなみに南北戦争中に脱退した南部の州が創設した，アメリカ連合国の大統領はジェファソン＝デヴィスです。

| 公民 | 市場の働きと経済 | 企業学習 |

15　自動車会社の社名の由来は？

経済学習の導入として「社名」は格好の教材である。単に社名を当てさせるだけでなく、プラスαを添え生徒たちの経済についての興味を広げさせたいものだ。まずは身近な自動車メーカーの社名の由来を紹介。

💡 トヨタ・ホンダ・ニッサン

「先生が中学生の頃だと、自家用車をもっている家は少なかったけれど、最近は２台も３台も車がある家も珍しくなくなってきたね。知っている自動車会社名をあげてみて」

「トヨタ・ホンダ・ニッサン……」

日本の自動車会社には創業者の名前がそのまま社名になったものが多いです。トヨタだけでなく、軽自動車で知られるスズキも元は、綿織機を製造していた会社です。豊田自動織機を創業した豊田（とよだ）佐吉は現在の湖西市の生まれ。ホンダ・スズキは、浜松市が創業の地と、いずれも浜名湖周辺にルーツがあります。

「日産はどうなの？」

「日産さんという苗字の人いる？　いないよね。日産は日本産業の略で、鮎川義介が創業者。満州にも進出した日産財閥の企業の一つでした」

楽器で有名な会社が、このたび自動車業界に参入することになりました。いったいどこの会社だろう？　正解はヤマハです。ヤマハは楽器だけでなく、オートバイのメーカーとしても有名です。そのオートバイの技術を活かしてスポーツカーもつくろうということでした。過去にヤマハはトヨタ車にエンジンを供出しており、日本のスポーツカーの元祖「トヨタ2000GT」も、実はヤマハとトヨタの共同開発でした。ヤマハの社名は創業者の山葉さんからきています。

| 公民 | 市場の働きと経済 | 第三次産業 |

16 レジャー産業今昔物語

今も昔も変わらない子どもたちの人気スポットといえば遊園地である。ところが近年，その遊園地の閉園が相次いでいる。しかし，そのことを逆手にとり，教材として掘り起こすこともできるのではないだろうかと思う。

💡 消えた遊園地とUSJ

　奈良県にあった，「あやめ池遊園地」は近鉄が経営し，県下唯一の動物園やOSK（大阪松竹歌劇団）の劇場も備えていましたが，2004年に78年の歴史を閉じました。跡地には近畿大学附属小学校，マンションなどが建設されました。同じ奈良市内にあったドリームランドも2006年に閉園しました。跡地には火葬場をつくる計画がありましたが，地域住民から反対が起こり中止になりました。

　そんな中で唯一奈良県内に残っているのが，生駒山上遊園地です。1929年の開園時につくられ，現存する最古の大型遊戯機械「飛行塔」は今も健在で，塔の周りを飛行機が回っています。戦時中防空監視所に転用されましたが，そのおかげで金属供出を免れたそうです。

　お隣の大阪にあるUSJは，ハリーポッターのお城を新設し，来客増を図っています。此花区の西部臨海地区にありますが，この地域はかつて大阪最大の重化学工業地域として栄え，USJも住友金属や日立金属の工場跡に建てられています。工場跡といえば，新日鉄が八幡製鉄所の遊休地に"鉄の産直"でつくったスペースワールドも忘れてはいけないでしょう。2005年に経営破綻しましたが，経営母体が変わり，現在は復活しています。

　兵庫県宝塚市のファミリーランド跡地には，関西学院大学初等部がつくられ，神戸ポートピアランド跡地には北欧家具のIKEA（イケア）がオープンしています。遊園地の変遷を見つめていくと，日本の現代社会の縮図が見えてきます。

| 公民 | 市場の働きと経済 | 株式会社 |

17 「株主優待」で生きた経済を学ぶ

株式学習ゲームが一時流行したが，遊びの要素が強い。配当や株主優待に目を向けさせる方が，生きた経済の学習になると思う。企業がなぜそこまで株主に気を遣うのかを考えさせたい。（株価は2015年11月26日現在）

💡 生徒の人気No.1の近鉄優待券

「近鉄の株を買うと，株主は全線無料パスが貰えます」
「いいなあ。私も欲しいな」
「でも株主なら誰でも貰えるわけじゃないんだ。無料パスは51000株以上の大株主だけです」
「ちぇ。な〜んだ」
482円×51000株＝2458万2000円也。

　近鉄沿線の会社に勤めている人なら，入社してから定年まで通勤定期を買わなくてもよいわけだからメリットはあります。ですが，会社から「それなら君には通勤手当は払わないよ」と言われるかもしれません。ちなみに名義人以外の家族も使用できます。マクドナルドは3種類（バーガー類，サイドメニュー，飲物）の商品の無料引換券が1枚になったシート6枚綴りの冊子がもらえます。100株で1冊。3050円×100＝30万5000円だから，お金を貯めて買えそうです。配当も年間1株あたり30円もあります。東京ディズニーランドを経営するオリエンタルランドは，100株で1DAYパスポートが1枚もらえます（ディズニーランドかディズニーシーのいずれかで使用可）配当も年間1株当たり35円です（2015年4月現在）。

　株価は企業の通知表。株価が上がれば信用も高まり資金調達にもプラスになります。企業が倒産したら株券はただの紙切れ。授業の最後には，リスクを伴うということも押さえておきたいです。

| 公民 | 市場の働きと経済 | 流通業 |

18 コンビニの秘密

生徒たちはコンビニが大好き。職場体験でもコンビニ各社にお世話になっている。しかしコンビニ経営は競争相手も多く，楽ではなさそうだ。そのコンビニの秘密を探る。

💡 ご当地コンビニと全国展開のコンビニ

「ポプラ」「セイコーマート」「ミニストップ」。さて何の会社でしょうか。

コンビニです。大手３社のセブンイレブン，ローソン，ファミリーマートのような全国展開はしていないので地域によっては馴染みがないかもしれません。ちなみにポプラは中国地方，セイコーマートは北海道が地盤です。ミニストップはイオン系列です。

さてコンビニを経営するとしたら，お金はいくらぐらいかかるでしょうか。会社により多少の違いはありますが，まず契約金が300万円程度必要です。次に本部チャージ料として，土地建物を自分で用意したときは，総利益の34～43％（大手３社），本部が用意したときは純利益により異なりますが，45～76％を納めなければいけません。また契約期間が定められ（10～15年が多い），途中で辞めるときは違約金が必要です。コンビニ経営は決して甘いものではないことがわかります。実際あるコンビニチェーンでは，2015年５月出店71／閉店61，６月出店75／閉店63となっています。

各社は生き残りをかけて，新商品や新サービスの開発に力を入れています。セイコーマートでは，店内で調理したカツ丼などが食べられます。ミニストップはソフトクリームが売りです。セブンイレブンは，同じグループ内のデパートなどのネット通販を利用できるサービスを提供。ローソンは100円ローソンや宅配をするローソンフレッシュなど多角化を進めています。また，ファミリーマートとサークルＫサンクスは合併することを発表しました。

| 公民 | 市場の働きと経済 | | 独占・寡占・企業のメセナ活動 |

19 ビール会社で学ぶ経済

未成年者の飲酒は法律で禁じられているが，ビール会社はお茶やジュースなども販売しており，自販機やテレビCMなどを通して生徒たちにも馴染みがある。ビールを通して，経済用語をわかりやすく噛み砕いてみたい。

💡 寡占，過度経済力集中排除法

　現在日本にある大手ビール会社は，アサヒ，サッポロ，キリン，サントリーの4社です（沖縄のオリオンビールは，アサヒと提携）。最近は地ビールや外国産のビールも出回っていますが，この4社により，ほぼ市場は占められています。

　実はこの4社の中で，かつて同じ会社だったところがあります。アサヒとサッポロです。日本麦酒という社名でした。この会社は合併により誕生した会社でしたが，戦後の経済民主化政策の一環として制定された過度経済力集中排除法により分割され，また別々の会社に戻りました。

　日本でビールが初めてつくられたのはいつ，どこでしょうか。開国後まもない1870年で，場所は横浜です。ただしまもなく廃業します。その後1876年には札幌で開拓使のビール醸造所がつくられます。サッポロビールの前身です。横浜では1885年に英国人と日本の財界人が出資したジャパン・ブルワリー・カンパニーが発足し，ラベルにキリンを印刷したビールを販売します。キリンビールの前身です。

　さて，キリンビールのキリンとは何でしょうか。生徒にはキリンビールのラベルを見せて，キリンは中国の想像上の動物で，王道が行われるときに生まれるという言い伝えを伝えます。4社の中でビール生産の歴史が一番浅いのはサントリーですが，メセナ（企業による文化・芸術支援活動）の一環としてつくった，美術館やコンサートホールが有名です。

公民 | 市場の働きと経済 | 経済史

20 消えた企業・消えたカリスマ経営者

教科書の中で現代の花形企業が取り上げられることはあっても，倒産・吸収合併された会社が取り上げられることはない。しかし消えた企業からしか，学べない教訓があるはず。ここでは三洋電機とダイエー中内功を取り上げる。

💡 家庭用洗濯機を広めた三洋電機

　噴流式洗濯機，充電式電池，コードレス留守番電話機，ゴパン，デジカメ。これらの家電商品はある会社が開発したものです。何という会社でしょう。

　正解は三洋電機です。1958年の噴流式電気洗濯機の開発により知られるようになった三洋電機は，充電式電池（カドニカ→エネループ。これがなければスマホも使えない），携帯電話の元祖「テ・ブ・ラコードるす」，米でパンをつくる「ゴパン」などのヒット商品を次々と開発します。デジカメの商標権をもっていたのも三洋電機でした。カラーテレビ黎明期，ジャングル大帝レオのスポンサーでもありました。ところが経営不振から2011年にパナソニックの子会社となり，ブランド名は消えてしまいました。

　日本で最初に全国展開のスーパーマーケットチェーンを始めた会社はどこでしょうか。正解はダイエーです。

　1960〜70年代，流通革命の旗手としてもてはやさたのが，ダイエーの創業者中内功でした。定価販売があたりまえの時代に，画期的な値引き商法を取り入れます。ハワイへの進出，南海ホークスの買収，福岡ドームや高級ホテルの建設，ローソンの経営など次々と事業を拡大していったダイエーでしたが1990年代に経営が悪化。中内氏は経営から身を引きます。産業再生機構入りしたダイエーは，2015年にはイオンの完全な子会社になりました。

　三洋電機とダイエーは，どちらも戦後生まれで大阪発祥の企業でした。企業史は時代を映し，経済史学習の有力なツールとして使えます。

公民 | 市場の働きと経済 | 現代経済

21 平成版　JAPAN AS NO.1？

日本経済の牽引車だった家電産業の業績悪化，貿易赤字の拡大，韓国・中国の追い上げ…。依然として日本経済は厳しい状況です。しかし日本企業のシェアがダントツの分野があります。さてどの分野かな？

💡 活躍する日本企業

「造船大国日本」と呼ばれた時代がありましたが，2013年の船舶建造量でみると，1位は中国船舶工業集団公司（CSSC）で，ベスト10には韓国企業が6社も入っています。日本勢は6位に今治造船が入っているのが最高で，建造量は1位のCSSCの約64％にとどまっています。

しかしそんな中で，日本企業が圧倒的な世界シェアをキープしている業種もあります。どんな業種でしょうか。

①自動車　②スマートフォン　③家庭用ゲーム機

正解は③です。①の自動車は，メーカー別販売台数ではトヨタ自動車が749万台で首位ですが，ダントツではなく，743万台のドイツ・フォルクスワーゲンと熾烈な首位争いを繰り広げています（2015年1月～9月の合計）。

②のスマホはサムスン・アップルが二強でシェアの半分を占めます。一方家庭用ゲーム機の販売台数は首位がソニーで1870万台，2位が任天堂で1630万台。3位はマイクロソフトで1150万台でした（2014年）。その他に日本が強い分野としては，デジカメ，ビデオカメラなどがあります。

では，冷蔵庫・洗濯機の生産台数トップ企業はどこでしょうか。

ハイアール，中国の企業です。パナソニックに吸収された三洋電機の冷蔵庫・洗濯機部門を買収し，世界戦略を推し進めました。販路は東南アジアやアフリカにも広がっています。洗濯機のAQUAブランドは三洋時代のものが引き継がれています。家電日本のDNAはここにも受け継がれていました。

| 公民 | 市場の働きと経済 | グローバル経済 |

22 ユダヤ人ビジネス
   ～映画・テレビそして ICT～

> 国際社会において，アメリカの影響力が大きいことは言うまでもない。そのアメリカにおいては，ユダヤ系の人々の政治的影響力は大きく，その源泉には経済力がある。ユダヤ系の人々のもつ力に注目しアメリカ社会を読み解く。

💡 アメリカ社会とユダヤ人

　ユダヤ人に関する中学校の教科書記述は，民族宗教ユダヤ教，イエスのユダヤ教指導者批判，ホロコースト，パレスチナ問題といった程度であり，現代のユダヤ系の人々のもつ世界経済への影響力の大きさについては全く記述されていません。

　そこで，次のように問いかけます。「ユダヤ系の人が創業した会社を知っているかな」「そんなのわからないよ」「グーグル・フェイスブック・DELL……。いったい何の会社だろう？」「それなら知っているけど，本当なの？」

　ユダヤ系の人々の存在を抜きにして，ICT産業を語ることはできません。アメリカのメジャーな新聞社，テレビ局，映画会社の経営者も，ほとんどユダヤ系の人々が占めています。マスメディアの主役が，新聞からテレビへ，テレビからネットへと時代とともに移り変わっているように見えますが，実はユダヤ系の人々が編み出したコンテンツの範囲内で動いているに過ぎません。世論形成に大きな影響力をもつマスメディアを押さえ，潤沢な政治資金を用いたロビー活動による政治家への接近。ゆえにアメリカ社会は，ユダヤ系の人々を抜きにしては語れません。

　コンピューターの会社だけではなく，トイザらス，コストコ，ユニバーサルスタジオ……，どれもユダヤ人が創業した会社です。伝統的にユダヤ人の関わる業種としてはダイヤモンド産業，毛皮産業が知られています。地理・歴史的分野でユダヤ人への迫害を押さえた上で，授業をしたいです。

| 公民 | 市場の働きと経済 | 貿易 |

23 TPPって何？

アトランタで開かれていたTPP閣僚会合において，交渉が大筋合意に達したというニュースが流れた（2015年10月5日）。そこで「中学生にもわかるTPP教材」をつくってみた。

💡 TPPって何？

「TPPって聞いたことあるかな？」と問うと，「ある」という反応がありました。日本語では，「環太平洋経済連携協定」と言います。TはTrans「超えて」，PはPacific「太平洋」，もう1つのPはPartnership「連携協定」を意味します。参加国は太平洋に面した日本，アメリカ，カナダ，メキシコ，チリ，マレーシア，オーストラリアなど12か国です（白地図で参加国を確認し色塗りをさせるとよい）。韓国，中国は不参加です。EUやASEANとは異なり，地域を超えた国々が参加しているのが特徴で，参加国のGDP合計は世界の約4割を占めます。

TPPは原則として自由貿易を目指すものですが，日本は「米」「麦」「牛肉・豚肉」「乳製品」については，例外扱いを求めてきました。牛肉は38.5%→9%（16年目），低価格帯豚肉の関税1キログラム482円→50円，野菜や果物，水産品（一部を除く）については関税がなくなります。畜産業が盛んな北海道，鹿児島県，宮崎県への影響が懸念されます。牛丼チェーンの並盛には約100グラムの牛肉が使われています。使用されている北米産牛バラ肉は1キロ600円。関税が9%になると約13円値下がりすることになります。しかし実際にはコストを切り詰めているので，還元は難しそうです。

一方で自動車の対米輸出の際の関税は2.5%から0%に（25年目）。発効すると，日本の輸入品目の約95%の関税が取り払われることになります。農林水産物に限れば約82%です。

| 公民 | 国民の生活と政府の役割 | 労働問題 |

24 クローズアップ 労働者の権利

中学を出て就職する生徒は少なくなったが,いずれは就職をして労働者となる子がほとんどだ。将来のために,教科書には詳しく書かれていないが最低限知っておいてほしいことを語るのはどうだろうか。

💡 将来就職したらもらえる権利

「将来みんなが学校を卒業し,就職したとします。ところが風邪をひいて会社を休んだとします。休んだ分は給料から引かれるのかな?」「そんなことないと思う」「年次有給休暇といって,6か月勤務し全労働日の8割以上出勤していたら,年間10日の年次有給休暇が与えられ,勤務年数が1年増えるごとに1~2日ずつプラスされます。ただし最高は20日です」

「会社を退職してしまったときは,雇用保険が使えます。次の就職先が決まるまでの間の生活費を援助する制度です。自分の都合で辞めたときももらえるのかな? 入社したその日に辞めたときはもらえるのかな?」

「自己都合でも支給されますが,最低1年間は勤務していないともらえません。会社が倒産した,リストラされたという場合は,6か月勤務していたら支給されます」

「2009年には改正された育児・介護休業法が施行されました。子が1歳2か月になるまでの間の1年間育児休暇を取得することができ,男性も可です。男性の国会議員が育児休暇の取得を希望し話題になりました。賛否両論だけど,みんなはどう思う?」「いいと思う」(数人に尋ねたが賛成意見ばかりだった),「地方自治体の首長の中には既に取得した人も数人います」

「病気の親の世話をするための介護休暇は,通算93日まで認められています。就学前の子どもの看護が必要なときは,子どもが1人のときは年5日間,2人以上であれば年10日間まで看護休暇をとることができます」

| 公民 | 国民の生活と政府の役割 | 企業活動と環境問題 |

25 チッソの歴史

> 水俣病訴訟の被告企業として，チッソはよく知られている。しかしチッソがどのような製品を製造していて，どんな歴史があるのか，現在も会社は活動しているのかなどは，知らない人が多い。チッソの過去と現在に迫る。

💡 チッソってどんな会社？

　液晶，紙おむつ，コンタクトレンズ，農薬，スーパーのレジ袋。これらはある会社の技術が活かされている商品です。何という名前の会社でしょうか。

　正解はチッソです。チッソの前身の曾木電気は1906年に創立され，1908年に日本窒素肥料という社名になります（1965年にチッソと社名変更）。化学肥料だけでなく，水力発電所の建設，合成アンモニアや塩化ビニール製造と手を広げ，日本統治下の朝鮮半島にも進出していきます。朝鮮半島でチッソの建設したダムが今でも使われているそうです。

　日本窒素肥料は日窒と呼ばれ，新興財閥として成長していきます。しかし終戦で朝鮮からは撤退，財閥解体により主力の延岡工場が旭化成に，プラスチック部門が積水化学になります。セキスイハウスはさらに積水化学の住宅部門が独立したものです。旭化成も積水もルーツはチッソにあるのです。

　チッソ水俣工場で有機薬品の原料，染料，プラスチック，合成ゴムの中間原料として用いられるアセトアルデヒドを製造するときに，触媒として利用したメチル水銀が廃液と共に水俣湾に垂れ流されたのが水俣病の原因でした。

　チッソは，「水俣病被害者の救済及び水俣病問題の解決に関する特別措置法」成立によって，2011年に全事業をJNCという新会社に移管。チッソは被害者への賠償金の支払いなどの救済業務を行うだけの会社となりました。なぜチッソは分社化したのでしょうか。

公民 | 国民の生活と政府の役割 | 租税制度

26 「ふるさと納税」と地方の活性化

「ふるさと納税」がブームである。この「ふるさと納税」を通して，公民的分野で地方と都市部の税収格差是正を考えさせたり，特産物などの特典から日本各地の地理・歴史を学ばせたりすることも可能だろう。

💡 ふるさと納税で得するのは

　ふるさと納税は，全国各地の地方自治体に寄付をすると，特産品などがもらえ，かつ寄付金が所得税・住民税から控除される制度です（控除は2000円を超えた額が対象で，所得により控除額に違いがあります）。「ふるさと納税」と名づけられていますが，実態は納税ではなく寄付行為で，自分の出身地以外の自治体に寄付することもOKです。

　ふるさと納税でもらえる次の特産品は，どこの自治体のものでしょう。
　①どじょう　②絹のネクタイ　③将棋駒ストラップ
　正解は，①「どじょうすくい」で有名な島根県安来市　②富岡製糸場の群馬県富岡市　③将棋駒で有名な山形県天童市です。また自治体の多くでは使途を選ぶことができ，「福祉」「文化」「教育」といった大きな括りだけでなく，例えば島根県川本町では地元の島根中央高校の吹奏楽部の活動資金に充てるといったように細かく指定できます。

　東京都はふるさと納税をしても特典がないところがほとんどです。ふるさと納税が増えると，住民税収入が減るからです。東京は，東京以外の地域から移り住んだ人が圧倒的に多いです。ふるさと納税をする人が増えると，その分住民税が減ります。だから東京都や23区の多くはこの制度に消極的なようです。「ふるさと納税」の現状は，「特産品のお取り寄せ合戦」になっているという批判もあります。地方の活性化やふるさとへの恩返しといった本来の趣旨を活かすにはどうすればよいかを考えさせたいものです。

公民　国民の生活と政府の役割　社会保障

27 医療費援助制度

少子化対策の切り札として，各地方自治体が医療費援助制度の拡充にのり出している。保護者にも，中学生にとっても気になる話題である。勤務校のある自治体の制度と比較させながら，授業を進めたい。

💡医療費援助って何？

　病院に行くときに，必ず持って行かないといけないものは何でしょうか。保険証です。これを持っていないと，医療費を全額実費で払わなければいけなくなります。生徒に「ではその負担割合は？」と問い，国の制度としては，未就学児は2割，小学1年生以上は3割負担ということを伝え，次のように問います。

　「その負担割合は全国一律でしょうか？　それとも地方自治体によって違うのでしょうか？」「同じだと思う。地域により異なると不公平だから」「違うはず。市町村の財政状況に差があるから」など，様々な意見を出させます。

　実は地方自治体は国の制度を上回る，独自の基準をそれぞれつくっています。だから自己負担割合が違うのです（勤務校の周辺の自治体の制度を調べて，比較するとよい）。厚生労働省がまとめた各自治体の医療費援助制度（2014年）によると，都道府県レベルでは，通院も入院も就学前までは援助があるという自治体が一番多いようですが，所得制限を設けている自治体もあります。また市町村がさらに独自の制度をつくっています。中学卒業まで援助のある市町村が最も多いです。

　ちなみに，そのなかでも，北海道の南富良野町の制度が群を抜いています。

　学校に在学していたら（大学生でも）22歳までは，通院も入院も自己負担なし。所得制限もなしです。「他のサービスにしわ寄せがくる可能性もありますが，どう思いますか？」と，ここでも生徒に考えさせたいです。

| 公民 | 国民の生活と政府の役割 | 社会保障 |

28 ヨーロッパの医療福祉は本当に進んでいるの？

> 生徒にとって病院は身近な存在だが，医療保険制度については正確な知識をもっていない。「財政難」「少子高齢社会」といった状況下，欧米の制度を紹介しながら，日本の将来の医療制度を考えさせてみたい。

💡 日本と欧米の医療制度の比較

「病院で1500円払ったとすると，本当はいくらかかったのだろう？ 保険証がなくても診察してもらえるのかな？」国民皆保険制度そのものが窮地に立たされています。2013年度医療費総額は39兆円を超え，国民1人あたり約31万円。将来の納税者として，避けては通れない問題です。欧米の制度を紹介しながら，日本の将来の社会保障制度の形を考えさせてみたいです。

「ゆりかごから墓場まで」で知られるイギリス。だが現在は大きな変化を見せ，治療費用が年間3万ポンド（約460万円）以上の場合は，保険治療の推薦が難しいです。難病患者には冷たいのです。

福祉国家スウェーデンは，18歳以下の医療費は無料です。大人も年間約1万2000円を超える分は自己負担がありません。ただし所得の1割を医療保険のために納め，生活品に対する消費税率は25％。所得の7割が税の支払いで消えます。税負担割合はまずかかりつけ医や地域医療センターの看護士の診断を受け，それから別の医師を紹介されます。日本のように医師や病院を自由に選んだり，医師の診断に納得いかないので，別の病院でもう一度診てもらったりすることは認められていません。「食べられなくなったときが死ぬとき」という感覚をもち，「胃ろう」をすることはまれです。施設の高齢者が発熱し，肺炎が疑われても，ふつうは医療機関に搬送しません。米国では2010年にいわゆるオバマケアにより，国民皆保険制度が開始されました。どれがいいか，生徒とともに考えたいです。

| 公民 | 世界平和と人類の福祉の増大 | 国際機関 |

29 英語の知識と成り立ちで名称を覚える

WHO、WTO、UNESCO…などお馴染みの国際機関。「日本語では何と言いますか？」という問題がよく出題されます。国際○○機関なのか？ 国連○○機関なのか？ 世界○○機関なのか？ 間違わない方法を伝授。

💡 英語の知識を活用して

　一つ一つの機関の日本語訳をやみくもに丸暗記していたのでは混乱します。それぞれが、I → International（国際）、W → World（世界）、UN → United Nations（国連）の略ということがわかっていれば迷いません。かつてある教科書会社が UNICEF を国際児童基金と誤って訳し、そのまま検定にも通り、子どもたちの手元に間違ったまま教科書が配布されたことがありました。

　ただし United Nations は日本では、国際連合と訳されているものの「国際」という意味はどこにも含まれていません。「連合した国々」すなわち「連合国」というのが直訳です。ちなみに中国ではそのまま「連合国」と訳しているそうです。第二次世界大戦の末期に連合国がつくったのが、「United Nations」であり、まさしく「連合国」なのです。このように英語の知識をうまく活用したいものです。

　「国連の安全保障理事会の常任理事国をあげよ」という問題もよく出ます。日本やドイツを常任理事国に入れてしまう誤答をときどき見かけますが、国連の成り立ちを知っていれば、同盟国である日本やドイツ、イタリアが常任理事国に入っていないことが自然に理解できます（ただし現在日本とドイツは常任理事国入りを希望しています。いわゆる敵国条項が廃止され、日本とドイツの常任理事国入りが実現すれば、この説明はできなくなりますが）。

| 公民 | 世界平和と人類の福祉の増大 | 国際協力 |

30　日本を救ったララ救援物資

> 日本はODAをする側で，されることはないと大半の生徒は思っている。しかし戦後の復興期には，救援物資を受けて飢えをしのいでいたのだ。ララ救援物資を通して，日本の戦後復興を考えさせたい。

💡 ララって何？

　日本のODA支出額は，世界で何位でしょうか。2000年から10年にわたり世界1位でしたが，2014年には第4位。対GNI（国民総所得）比率はOECDのDAC（開発援助委員会）加盟28か国中18位。国民1人あたりのODAも19位。果たして日本のODAは多いといえるのでしょうか？

　また，日本は援助を受けたことはあるのでしょうか。終戦直後の日本は食糧難にあえいでいました。空襲を受けた大都市は焼け野原に。満州・台湾・朝鮮など海外からの引揚者であふれ，戦争の為に働き手を失った家族も多くありました。空腹でひもじい思いをしていたその日本に，援助物資が送られてきたのです。

　援助してくれたのは，米国政府，世界銀行，ユニセフなど国や公的機関によるものもありますが，米国の民間組織ララによる救援物資を，忘れることはできません。ララは宗教団体や奉仕団体が母体となり，趣旨に賛同した団体を取りまとめました。ララを通じアメリカ国内だけでなく，ブラジル，ペルー，メキシコなどの中南米の国の団体も支援物資を送ってくれました。なぜブラジルやペルーなどからも送られてきたのでしょうか。移民の日系の人たちです。故郷の日本を想い送ってくれたことに頭が下がります。脱脂粉乳，小麦，衣服，靴，石鹸，山羊などを送ってくれました。援助物資のおかげで大都市の学校給食が再開されます。藤原紀香を輩出したミス日本は，ララ物資に感謝するための親善使節として送られたのが始まりです。

| 公民 | 世界平和と人類の福祉の増大 | 難民選手団 |

31 難民選手団の10人の選手たち

> オリンピックでは，とかくメダル争いに目が行きがちだが，リオデジャネイロ大会において史上初めて結成された難民選手団にも注目したい。故国を逃れた彼らは，いったいどんな思いでオリンピックに参加したのだろうか。

💡 オリンピック史上初めて結成された選手団

「リオデジャネイロ大会開幕式で，ひときわ大きな声援を受けた選手団があります。複数の国の選手がいる選手団ですが，何という名前だろう？」と，写真を見せながら問いかけ，次のように説明します。

難民選手団です。シリア2人，コンゴ民主共和国2人，エチオピア1人，南スーダン5人の計10人で構成されています。南スーダンの選手が最多で5人を占めています。いったい南スーダンとはどんな国で，なぜ難民が生まれたのでしょうか。南スーダンは2011年にスーダンから独立します。AU（アフリカ連合）は，ウティ・ポシデディスの原則（欧米がつくった国境線を守る）の維持をうたっていますが，南スーダンは欧米がつくった国境線を書きかえた成功例として注目を集めました。ところが独立運動を共に戦ったキール大統領（ディンカ族）とマシャール副大統領（ヌエル族）の対立が激しくなり，内戦状態に陥ります。背景には民族の違いや輸出の99％を占める石油資源をめぐる争いなどがありました。マシャール副大統領は解任され国外に逃れますが，マシャール派のデン・ガイ氏が後任の副大統領となり，マシャール派の中でも対立が起きています。国内の混乱が続く中，国連からはPKOが派遣され，日本の自衛隊も参加しています。

では，難民選手団は開会式で，どんな旗を持って入場したでしょうか。五輪旗です。オリンピックが終わっても難民選手団のこと，そして彼らの国のことを忘れないようにしたいものです。

4章

明日から使える！
授業づくりのネタ

授業づくり

1 地図は地理の授業で使うのみにあらず

歴史的分野においてもうまく地図を活用したい。例えば近代の学習では，満州国が赤く塗られた復刻版歴史地図を黒板に貼りつけて使用している。すると生徒は満州国の位置を自然と意識するようになる。

💡 満州国はどこにあったのか

近代史を学ぶ際に，満州国はカギになる用語です。生徒たちも名前は覚えています。しかしどこにあったのかと尋ねると心もとないです。

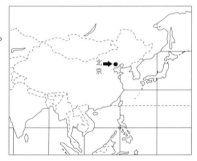

「満州国の位置を斜線で示しなさい」と指示します（日中戦争が勃発した盧溝橋のある北京を，地図中に記入。斜線中に北京が含まれていたら，満州国建国→日中戦争という流れが理解できていないことになります。地図中より朝鮮半島の38度線は消します）。

誤答として，「中国全土に斜線が引かれているもの」「斜線が満州国だけでなく，朝鮮半島や華北，華中にまで広がっているもの」「チベットや華南に斜線があるもの」などがありました。朝鮮→満州→華北という対外侵略の流れが理解できているかを，確認できる問題です。

同じ東アジアの地図を使い，「終戦時の日本の領土を斜線で図示しなさい。日清戦争で手に入れた領土は太線，日露戦争は斜線，その他は黒で塗りつぶしなさい」という問題も出題できます。台湾，南樺太，朝鮮半島に斜線を入れるわけですが，日清戦争，日露戦争，韓国併合という流れが理解できているかどうかを見ることができます。歴史授業でも地図をフル活用し，生徒の手元にも地図帳を置かせておきたいものです。

授業づくり

2 芸能ネタで迫る社会科授業

中学生は，芸能人や芸能界が大好き。授業の中で芸能人を話題にすれば，急に教室が静かになり教師の話に集中する。しかし教科書とリンクさせるにはそれなりの仕掛けが必要である。こんな芸能社会科どうでしょうか⁉

💡 AKBで学ぶ社会科

　芸能社会科，例えば次のように展開します。「AKBの総選挙があったけれど，テレビを見ましたか。本当の総選挙とどこが違うかな。総選挙とは本来は衆議院の選挙を指す言葉ですね。AKBの選挙では，CDを買うと投票権がついていて，1人で何票も投票できるそうですが，衆議院議員選挙では，有権者1人1票が原則です。全国を295に分けた小選挙区とブロックごとの比例代表の2つがあるから，それぞれ1票ずつですね」

　「AKBの名前の由来を知っていますか？『秋葉原！』よく知っているね。最近の秋葉原はオタク文化の街というイメージが強いですが，もともとは大阪日本橋と並んで『電気の街』として知られていました。今でも電気屋さんがたくさんあります。ちなみに姉妹グループのNMBは大阪の難波，SKEは名古屋の栄，HKTは九州の博多から名づけられています。難波は大阪市の南部にある古くからの繁華街。栄は名古屋一の繁華街ですが，名古屋駅からは少し離れたところにあり，老舗百貨店の松坂屋や丸栄百貨店があります。HKTの博多は，福岡市の繁華街です。

　城下町の福岡と商人の町である博多が合併して，福岡市がつくられました。市名は福岡ですが駅は博多なのはそういう歴史があるからです。福岡藩の大名は黒田氏です。福岡という地名は，彼の故郷である備中の福岡（現在の岡山県瀬戸内市）に由来します。きっと故郷が懐かしかったのでしょう。

授業づくり

3 時代背景を大切にした歴史授業を

> 時代背景を超越した授業を見かけることがある。その時代の仕組みや習慣などを教えなければ，生徒たちは現代を足場に考えるしかない。その生徒の現代的感覚をうまく利用しながら，時代像をつかませるネタである。

💡 江戸時代の村と現代の村

「江戸時代の農民の立場に立って考えてみよう」と，いきなり問われても，江戸時代の農村の仕組みについて詳しい知識をもたせないと，ほとんどの生徒たちは現代的感覚で江戸時代の農村社会をとらえてしまいます。

農村では現在も入会権や水利権などが残り，共同体的性格が引き継がれています。農村部に住む生徒がいれば日常の生活経験から，江戸時代と現代の農村社会がつながっていると感じさせることができる発言をさせて，江戸時代の農村部の学習へとつなげていくのは有効な方法でしょう。かつて，村中の家々が総出で田んぼに引く溝の掃除をするという話をしてくれた生徒がいました。共同体が残っているのです。

💡 壬申の乱はなぜ起きたのか

天皇が亡くなれば長男である皇太子が即位するのは，中学生も知っています。

では，天智天皇亡き後になぜ皇位を争う壬申の乱が起きたのでしょうか。弟より息子に譲りたかった天智天皇の気持ちは現代の中学生にも理解できます。しかし弟に位を譲るのが古代の皇位継承ルールであり，弟の大海人皇子が皇位を望んだのは，当然でした。天皇になるには母方の血統も重視されていました。大友皇子の母は地方豪族の娘，天武天皇の母は斉明（皇極）天皇でした。どちらが天皇にふさわしいかは，明らかです。

> 授業づくり

4 これですっきり 間違いやすい歴史人物・用語

教師にとっては常識でも，生徒にとってはこんがらがる人名や用語がある。「なるほど」と生徒に思ってもらえるように，くっきりすっきりと違いがわかる教え方を考えてみた。

💡 ふたりのローズベルト

　ポーツマス条約締結の仲介役が，テオドア（セオドア）＝ローズベルト。ニューディール政策の推進，太平洋戦争開戦時の大統領として知られるのが，フランクリン＝ローズベルト。テディベアはテオドアの愛称テディに由来。テオドアとフランクリンは一族ですが，血縁は薄く12親等です。ただしテオドアの姪とフランクリンが結婚しているので，フランクリンから見てテオドアは義理の伯父にあたります。

💡 韓国統監府と朝鮮総督府

　1905年に日本の保護国となった韓国につくられ，伊藤博文が初代統監となったのが韓国統監府です。その時点の韓国の正式国名は大韓帝国でした。日本は1910年韓国を併合し朝鮮総督府を置きます。韓国という国はなくなってしまったので地名である朝鮮を用いて朝鮮総督府としました。「地図の上　朝鮮国に　黒々と　墨をぬりつつ　秋風を聴く」という啄木の短歌は，二句目の字数（7文字）の関係で朝鮮国となっていますが，正確には韓国です。

💡 三種の神器

　皇位の象徴として天皇家が受け継いできた「八咫鏡・草薙剣・八尺瓊勾玉」をいう。1950年代後半の家電の三種の神器はこれをもじったものである。
　生徒は三種の神器＝家電製品と誤解しやすいので注意したいところです。

授業づくり

5 ニューギニアに消えた大叔父
～軍歴証明は語る～

インドネシア領の西ニューギニアにあるビアク島。私の大叔父が29歳で戦死した島である。現在でも遺族会が訪れ，ジャングルに眠る遺骨や遺品の収集活動をしている。軍歴証明を取り寄せて，その大叔父の足跡を訪ねてみた。

💡 戦争体験の継承と軍歴証明

　以前は夏休みの宿題として，戦争体験の聞き取りを課していました。戦後70年を過ぎ，現在の中学生の祖父母は戦後生まれが増え，戦前生まれでも終戦時には幼少で，戦争の記憶がない場合が多いです。この聞き取り課題を実施するのは難しくなっているのが実情です。そこで平和学習として，戦争を扱った書籍やテレビ番組，映画などを教材として利用するのが一般的です。しかし，そこにはどうしても戦争と生徒との間に距離感が生まれてきます。
　その距離感を縮める方法として，軍歴証明が有効です。軍歴証明とは，亡くなった兵士としての位などがわかるものです。3親等以内であれば請求できるので，生徒たちにとって戦争世代である曽祖父の戦争中の歴史を知ることができます。自分の血のつながりのある曽祖父がどこにいたのか，どこで亡くなったのか，それを知れば紙の上やテレビの中の戦争ではなく，自分の体の中に戦争を感じることができるのではないでしょうか。軍歴証明の発行は，陸軍は各都道府県の社会福祉担当部署及び厚生労働省，海軍は厚生労働省が窓口です。私の場合，母方の祖父は内地勤務だったので，母に協力してもらい母の叔父（戦死）を調べました。
　母の叔父　浅野春之助　島根県東出雲町揖屋出身　1915年生まれ1943年1月28日第17野戦飛行場設営隊に配属。同年11月神戸港を出発し，門司，高雄，マニラを経て12月西部ニューギニア上陸，飛行場設定作業に従事。1944年6月30日ビアク島にて戦死。享年29歳。陸軍伍長。

> 授業づくり

6 修学旅行の事後学習
〜オリンピック作戦と鹿児島〜

修学旅行先が鹿児島の学校もあるだろう。多くの見学コースに入っている知覧＝特攻隊に平和学習を特化するのではなく，大隅半島の戦争とのかかわりにも着目して，「事後学習」を行うのはどうだろうか。

💡 大隅半島と戦争

　鹿児島＝薩摩というイメージが強いが，大隅地方は薩摩藩の支配を受けるまでは，独立した地域でした。大隅半島東部の肝付町の町名は，この地の豪族の肝付氏に由来しています。ドラえもんのスネ夫の声（初代）を担当した肝付兼太は肝付氏の分家である加治木肝付氏の末裔だそうです。

　この大隅半島の志布志湾が，本土決戦の際の上陸候補地だったと言うと，生徒たちはキョトンとします。

　そこで，自作の地図を見せて，まず志布志湾を確認します。次に大隅半島全体に着目させます。特攻隊と聞くと，知覧（陸軍）というイメージが強いですが，特攻による戦死者が一番多いのは，ゼロ戦で知られる鹿屋基地（海軍）です。

　大隅半島には鹿屋以外にも桜島・垂水・国分といった航空基地が集中し，米軍は航空基地を奪取→首都圏を空襲→相模湾・九十九里浜上陸→首都圏制圧を計画していました。実際には原爆投下，ソ連の満州侵攻によりポツダム宣言が受諾され，本土上陸は中止されました。「民家が戦車で潰されていたかもしれない」「志布志湾が血の海に変貌していたかもしれない」と，そう語りかけると，大隅半島で民泊をした生徒達は，戦争を他人事としてではなく，自分のこととして考えてくれているように思えました。

授業づくり

7 課題学習
～我が家のお雑煮調べ～

テレビ網の発達，ネット社会の広がりといった社会状況下，地域性が薄らいでいる。その中でわずかに地域性を保っているのがお雑煮である。家族や遠隔地に住む祖父母とのコミュニケーションづくりにも役立つ宿題を出してみた。

💡 1年生冬休み課題　我が家のお雑煮調べ（実物見本）

　季節感がなくなってきたといわれる今日この頃ですが，お正月はお雑煮を食べるのが楽しみですね。
　さて今回はお雑煮について調べてみましょう。
　みんなの家のお雑煮がどの地域のものなのか，地図に印をつけよう。
【　　　】県【　　】市（郡）

お雑煮の写真・イラスト　　　日本地図

※左の枠内には生徒がお雑煮の写真・イラストを記入。

どれにあてはまるかマルをつけよう。
・汁…すまし汁／みそ仕立て（赤みそ・白みそ）（米みそ・麦みそ・豆みそ）
・餅の形…マル／四角
・使われている具は…（　　　　　　　　　　　）
　お雑煮について家の人から聞き取ったことや（お雑煮づくりの苦労や工夫，お雑煮についての子どもの頃の思い出など……），お雑煮の由来など自分で調べたこともつけ加えよう。

【聞き取ったこと・調べたこと・感想　例】
　私の家は父も母も出雲地方（島根県東部）の出身です。この地域では，煮干しやかつお節でだしをとったしょうゆ味の汁に丸餅を入れて岩のりを浮かべたお雑煮を食べます。袋に入った岩のりは固まっていて分量が少なく見えますが，汁の入ったお椀に入れると，ふわっと溶けて膨らんで増えます。岩のりは出雲市の十六島湾（うっぷるい）というところでとれるそうですが，手作業でのりをかき集めるのでかなり値が張ります（10gで1000円）。でもこれを食べないとお正月がきたという気がしません。ちなみに江戸時代から貴重品だったそうで，金箔と同じ価値だったそうです。
　先日テレビを見ていたらタレントのDAIGOがお雑煮を食べていました。「僕の家ではおじいちゃん（竹下登元首相）が島根県の出身なので，お雑煮にはいつも岩のりを入れます」と言って，おいしそうに岩のり入りのお雑煮を食べていました。我が家と同じだなあと思わず画面に見入ってしまいました。

授業づくり

8 思考力育成サプリメント① 地理編

「社会科は暗記科目」。生徒からだけでなく，同僚の教師からもよく言われる。「思考力」を必要とするテスト問題をつくり，みんなをぎゃふんと言わせてみたい。ただし凝りすぎて，大学入試問題のようにはならないようにしたい。

💡 地理編サプリメント

①「諏訪湖周辺の岡谷市や諏訪市で精密機械工業が盛んなのはなぜ？」戦時中に東京の時計やカメラの工場が，水や空気がきれいで，精密機械の製造に適しているこの地域に移転してきたからです（工場疎開）。

②渥美半島の特産物として知られる「電照菊」。「なぜ菊に電気の照明を当てるのですか？」菊は日照時間が短くなると開花する性質がありますが，照明により菊の開花時期を遅らせて出荷することができるためです。

③「栽培漁業では，人工的に孵化した稚魚を放流しますが，育てた魚が逃げて大損しないのだろうか？」回帰性のあるサケ，マス，泳がないアワビ，遠くまで泳がないクルマエビなど，魚貝類の特質を考えて行われています。

④「幕末に伝えられた洋式製鉄法。明治時代になると徐々に広まり，砂鉄を用いた『たたら製鉄』は廃れていきます。しかし今でも出雲地方では，『たたら製鉄』の伝統を守りあるモノがつくられています。何をつくっているのだろう？」正解は刀剣です。洋式製鉄法は大量生産には向いていますが，切れ味はたたら製鉄には適わないのです。

⑤「『ういろう』はどこの名産品だろう？」実は小田原・伊勢・山口・宮崎など「ういろう」は各地にあります。ではなぜ名古屋が特に有名なのでしょうか？ 1964年に東海道新幹線が開通したときに，車内販売として名古屋の青柳ういろうが売られるようになり，全国的に名古屋名物ういろうとして知られるようになったそうです。

授業づくり

9 思考力育成サプリメント② 歴史編

最近の教科書は大判で，図版も大きくカラーで見やすいが，本文の記述が減っている。本文の不足分を教師が質問や発問を工夫して補い，歴史的な出来事の起きた理由や原因を，生徒が引き出せるようにしたい。

歴史編サプリメント

①「日本にキリスト教を伝えたザビエルの宗派は？」宗教改革の影響を受け信者を減らしたカトリック教会がアジアへの布教を行いました。そのターゲットの一つが日本でした。プロテスタントではありません。
②「江戸幕府はなぜオランダとの貿易を許したのか？」オランダは貿易と布教活動を切り離したからです。
③「『地図の上　朝鮮国に黒々と　墨を塗りつつ　秋風を聴く　啄木』この歌がつくられたのはいつ？」1910年です。韓国併合を詠んだ啄木の短歌です。むやみやたらと年号を問う問題はよくありませんが，日本が韓国を併合した1910年は押さえておきたいものです。
④「太平洋戦争中の1944年7月，米軍によるサイパン陥落が与えた影響は？」米軍がサイパンに基地をつくったことでB29による本土爆撃が可能となり，大都市への空襲が始まりました。
⑤「(敗戦1か月半後に撮影された天皇とマッカーサーが並んでいる写真を見せ) なぜ日本政府はこの写真の新聞掲載を不許可にしたのか」天皇よりマッカーサーの方が上であることが，一目瞭然だからです。
⑥その他いろいろ
　「なぜ日本は日露戦争に勝利したのに賠償金がとれなかったのか？」
　「治安維持法と普通選挙法がなぜ同時に制定されたのか？」
　「開国後の最大の貿易相手国はなぜアメリカではなかったのか？」

授業づくり

10 思考力育成サプリメント③　公民編

公民的分野で思考力を問う問題は意外とつくりにくい。平和，人権，福祉などを問うと道徳的な模範解答が続出する。そこで，理論的な考えができているかどうかを確かめる問題をつくった。

公民編サプリメント

①「なぜ衆議院の優越が認められているのか？」任期が短く解散もあるので世論をより強く反映していると考えられるからです。

②「条例の制定改廃に必要な署名は有権者の50分の1なのに，なぜ議会の解散や首長の解職請求は，有権者の3分の1もの署名が必要なのか」議員や首長は選挙で選ばれているので，その身分を喪失させることには慎重でなければいけないためです。

③「現在の日本は景気がよくないのに，政府はなぜ減税をしたり，公共事業を増やしたりしないのでしょうか」財政が赤字で余裕がないので。

④「国連の安全保障理事会の常任理事国に，なぜ日本は選ばれていないのでしょうか」国際連合は第二次世界大戦時の連合国により結成されており，日本が枢軸国であったことが，現在にまで影響を及ぼしています。

⑤「CTBT（包括的核実験禁止条約）により核実験はできなくなったのか」臨界前実験は容認されており，すべてが禁止されたわけではありません。

⑥堅い問題ばかりでは疲れてしまうので気分転換。「1967年『仮面の忍者赤影』というテレビ番組が始まります。普通の忍者と違い，赤影，白影，青影といったカラーの忍者が登場します。なぜ忍者に色がついているのでしょう」当時家電メーカーが売り出しに力を入れていたのが，3Cの一つのカラーテレビでした。カラーテレビで見れば色の違いがわかるというわけです。ちなみに番組スポンサーは三洋電機（現在はパナソニックが吸収合併）でした。

授業づくり

11 教科書研究の丸秘アイデア

現在使っている教科書だけでなく，他の出版社のもの，小学校，高校の教科書にも目を配りたい。また旧版の教科書や地図帳も処分せず保管しておきたい。古いものは販売しておらず貴重なのである。

💡 教科書を集めよう

　教科書は教師の商売道具です。プロ野球選手のバットや理髪師のはさみと同じ。いろいろと取り揃えましょう。まずは現在授業で使用しているもの。学校だけでなく自宅にも必ず1冊。次に他社の教科書。地歴公全分野は無理でも，自分の興味のある分野や現在教えている分野についてはできるだけ揃えておきたいものです。たとえば歴史的分野でいえば，教科書によって古代史に詳しい，占領期の記述が詳しいなど特色があります。教材研究の際に，それぞれの教科書のおいしいとこ取りをしましょう。

　また小学校や高校の教科書も役立ちます。私の場合は興味のある日本史は以前から購入していましたが，その他の教科も娘と息子の使っていたものを残しています。小学校ではここまでやっているのか，逆に高校で詳しくやるはずだから中学校ではこのへんまでにしておこう，などと参考にしています。

💡 古い教科書は捨てないで

　古い教科書や地図帳も授業づくりに役に立ちます。たとえば平成4年版のO社地理教科書には，パレスチナ問題が詳しく取り上げられています。記述がわかりやすいので，今でもその部分を参考に授業をします。

　ソ連や南北ベトナム，東西ドイツなどが載っている時代の地図帳を見せながら授業をすると，生徒たちは興味津々となります。実は私自身が中学生の頃使っていた教科書と地図帳も手元にあります。私の宝物です。

授業づくり

12 研究授業活用法

研究授業は，することも見ることも大切である。名人芸のような授業は見ていて「すごい」となるが，真似をしてもうまくいかないことが多い。逆に課題が残る授業の方が勉強になる。研究協議を活かし，自分の財産を増やそう。

💡 研究授業の活かし方

　研究授業を3つに分類してみます。①文字通りの「研究的」な意味合いをもつ授業。②教科書をなぞるだけのそのままの授業。③いっぱい教材が出てきたけれど，授業者はこの授業の中で何を言いたかったのかな？と感じてしまう授業。一般的には②や③の授業は，時間をかけて，ときには参加費を払ってまででかけたのに残念……ということになりますが，①はどうでしょうか。実は①には，その人しかできないような名人芸授業が含まれます。ただ感服するのみで「参りました」で終わることもあります。一方で②や③のような授業からは，「こんな授業だけはしたらいけない」「自分ならこういう教材でこんな風に進めるけどな」といった学びが得られるはずです。

　そのために研究協議の場では，必ず発言したいものです。「下手なことを言ったら，気まずくなるのでは？」と思い，一言も発せず時間が過ぎるのを待つのが一番いけません。研究協議の司会をしていて，一番困るのはシーンとなってしまうことです。「あなたの授業は，全く中身がありませんでした」と宣言するのに等しいです。これは一番失礼なことです。授業者は研究授業に臨むために，あれもこれもと教材を集めたことでしょう。失敗の原因は教材の多さにあることが多いです。ならばどの教材に絞り込めばいいのか，「自分なら〜，なぜなら〜」と発言できれば，研究授業に行った甲斐があったというものです。授業者に対して「ご苦労様でした。あなたの授業を今度は私流にアレンジしてやってみます」というメッセージになるでしょう。

授業づくり

13 教師のうっかり間違い集

教師も人間である以上間違いはある。でも生徒たちは先生には間違いはないと思っている。ここが辛いところである。そこでうっかり間違いをしやすい事例を集めてみた。未然防止に役立てていただきたい。

うっかり間違いあれこれ

　その1　「『最後の晩餐』を描いた人は誰？」正解は「レオナルド・ダ・ビンチ」。テストでこんな問題を出していませんか。キリストと弟子の最後の晩餐のシーンは多くの画家により描かれており、ダ・ビンチだけが描いているのではありません。ダ・ビンチの作品が一番有名なだけです。「聖母子像を描いたのは誰？」答え「ラファエロ」も同様です。

　その2　戦後の民主化政策の一つである財閥解体。「三菱財閥に属していた企業は、三菱銀行、三菱重工、三菱商事、三菱鉛筆などです」と説明していませんか。三菱鉛筆は三菱財閥とは関係ありません。三菱銀行は三菱東京UFJ銀行となってしまい、三菱重工や三菱商事も生徒には馴染みが薄い。一方三菱鉛筆はシャーペンや鉛筆で生徒にもよく知られている。そこで三菱財閥の説明に三菱鉛筆を登場させたいところですが、ご注意を！

　その3　「中国では子どもは1人しか生んではいけません。これを『一人っ子政策』と言います」と説明していませんか。「一人っ子政策」は漢民族のみに適用されており、少数民族は適用除外されています。ただし2015年10月に「一人っ子政策」そのものを廃止することが決定されました。

　その4　「EU加盟国は共通通貨ユーロを使用しています」という説明も注意が必要です。英国、スウェーデン、デンマークは通貨統合には不参加だからです。ちなみに英国はポンドを使用。スウェーデンとデンマークはクローネを使用していますが、同一の通貨ではありません。

■主要参考文献・サイト

■書籍

- C・エスタン／H・ラボルト著／多田智満子監修／田辺希久子訳『ギリシア・ローマ神話ものがたり』創元社、1992
- M・C・ペリー原著・木原悦子訳『ペリー提督日本遠征日記』小学館、1996
- 相澤理『歴史が面白くなる 東大のディープな日本史』中経出版、2012
- 明智憲三郎『本能寺の変 431年目の真実』文芸社、2013
- 足利健亮『景観から歴史を読む―地図を解く楽しみ(NHKライブラリー(91))』日本放送出版協会、1998
- 阿刀田高『ギリシア神話を知っていますか』新潮社、1984
- 石川栄吉他『オセアニアを知る事典』平凡社、2000
- 伊谷純一郎『アフリカを知る事典』平凡社、1999
- 池上俊一『パスタでたどるイタリア史』岩波書店、2011
- 井出義光『リンカーン 南北分裂の危機に生きて』清水書院、1984
- 梅渓昇『お雇い外国人―明治日本の脇役たち』日本経済新聞社、1965
- 永六輔、矢崎泰久『上を向いて歌おう 昭和歌謡の自分史』飛鳥新社、2006
- 江戸家魚八『魚へん漢字講座』新潮社、2004
- 大谷大学編『仏教が生んだ日本語』毎日新聞社、2001
- 奥林享『難波別院と大阪』難波別院、1987
- 植村峻『紙幣肖像の近現代史』吉川弘文館、2015
- 小和田哲男『知識ゼロからの日本の城入門』幻冬舎、2009
- 金森重樹『完全ガイド 100%得をする「ふるさと納税」生活』扶桑社、2014
- 小池清治・鈴木啓子・松井貴子著『文体探求法』朝倉書店、2005
- 小林一彦『NHKテレビテキスト 鴨長明『方丈記』2012年10月(100分de名著)』NHK出版、2012
- 小山仁示・芝村篤樹『大阪府の百年』山川出版社、1991
- 佐藤唯行『アメリカ経済のユダヤ・パワー ―なぜ彼らは強いのか』ダイヤモンド社、2001
- 産経新聞社編『新聞記者 司馬遼太郎』産経新聞ニュースサービス、2000
- サンジーヴ・スィンハ『すごいインドビジネス』日本経済新聞出版社、2016
- 至文堂編集部『明治事物起源事典』至文堂、1968
- 『新編 史料日本史』「13 惣村の発達と土一揆」東京法令出版
- 杉野健太郎他著『アメリカ文化入門』三修社、2010
- 新人物往来社編『ユダヤ大辞典』新人物往来社、2011
- 杉本一樹『正倉院―歴史と宝物』中央公論新社、2008
- 鈴木孝夫『日本語と外国語』岩波書店、1990
- 千田嘉博『信長の城』岩波書店、2013
- 千田嘉博他『城から見た信長』ナカニシヤ出版、2015
- 谷口研語『明智光秀』洋泉社、2014
- 張麟声『日中ことばの漢ちがい』くろしお出版、2004
- 遠森慶『カラー版 日本の路面電車』宝島社、2013
- 東洋経済新報社『株主優待ノート(非売品)』
- 中野明『物語 財閥の歴史』祥伝社、2014
- 成瀬宇平監『食材図典2』小学館、2001
- 成瀬宇平監『新版 食材図典 生鮮食材篇』小学館、2003
- 西谷大『食べ物と自然の秘密』小峰書店、2003
- 日本史視聴覚教材研究会編『日本の歴史 写真解説―歴史写真・絵画を読む』清水書院、1991
- 橋本治『これで古典がよくわかる』筑摩書房、2001
- 馬場悠男『NHKカルチャーラジオ 科学と人間 私たちはどこから来たのか―人類700万年史』NHK出版、2015
- 春成秀爾『縄文社会論究』塙書房、2002
- 広瀬崇子他『現代インドを知るための60章』明石書店、2007
- 福間良明・山口誠編『「知覧」の誕生―特攻の記憶はいかに創られてきたのか』柏書房、2015
- 細川涼一他『歴史の道・再発見第3巻 家持から野麦峠まで』フォーラム・A、1996
- 堀之内修『都道府県別日本の地理データマップ 6 中

- 国四国地方』小峰書店，2007
- 前園実知雄『斑鳩に眠る二人の貴公子・藤ノ木古墳 (シリーズ「遺跡を学ぶ」)』新泉社，2006
- 松下茂典『ダルビッシュ有はどこから来たのか』潮出版社，2013
- 松下茂典『プロ野球全外国人助っ人大事典―ファンを沸かせた名選手・異色選手の全記録』東京堂出版，2002
- 真野俊樹『「命の値段」はいくらなのか？"国民皆保険"崩壊で変わる医療』角川書店，2013
- 桃木至朗他『市民のための世界史』大阪大学出版会，2014
- 矢崎源九郎『外来語小辞典』社会思想社，1970
- 山口智司『名言の正体―大人のやり直し偉人伝』学習研究社，2009
- 山住正己『子どもの歌を語る―唱歌と童謡』岩波書店，1994
- 山本博文『こんなに変わった歴史教科書』新潮社，2011
- 吉田菊次郎『洋菓子はじめて物語』平凡社，2001
- 吉川美代子『ラッコのいる海―人間はいかに生態系を傷つけてきたか』立風書房，1992
- 脇田修『秀吉の経済感覚―経済を武器とした天下人』中央公論社，1991
- 脇田修『織田信長―中世最後の覇者』中央公論社，1987
- 脇田修『近世大坂の町と人』吉川弘文館，2015
- 脇田修・脇田晴子『物語 京都の歴史―花の都の二千年』中央公論社，2008
- 脇田晴子『室町時代』中央公論社，1985
- (図録)『富山の売薬用具』富山市売薬資料館
- 久留米市市勢要覧
- 『石川啄木 (1979年) (人と文学シリーズ―現代日本文学アルバム)』学習研究社，1979
- 横浜貿易新報社『横浜開港側面史』1909
- 山住正己 CD『教科書から消えた唱歌・童謡』解説，ポニーキャニオン，2002

■論文等（日付順）

- 宮崎正勝他「「共生の時代」への教訓―ラッコの海はこうして消滅した」『環境教育研究』4（2）119-132，北海道教育大学環境教育情報センター，2001
- 金子邦秀，角田将士，中西仁，藤原孝章，森口洋一「世界文化遺産から身近な生活文化遺産までを活用した社会系教材開発研究」平成20年度文教協会研究助成金研究成果報告書
- 「特集 違いと特徴でみる仏教」『大法論』2008年4月号，大法論閣
- 「日本仏教宗派の違い」『大法論』2008年9月号，大法輪閣
- 横浜市都市経営・総務委員会資料「ネーミングライツの現状と課題について」，2010
- 「日本仏教各派の疑問に答える」『大法論』2011年4月号，大法輪閣
- 「日常会話の囲碁用語」『囲碁未来』2012年4月号〜2013年（3月号），日本棋院
- 「コンビニ超進化」『週刊ダイヤモンド』2014年9月6日号，ダイヤモンド社
- 「いざ 都市対決」『週刊ダイヤモンド』2015年3月21日号，ダイヤモンド社
- 「食のプロが選ぶふるさと納税ベスト181」『日経TRENDY』2015年8月号，日本経済新聞社
- 「「お宝」優待ランキング」『日経TRENDY』2015年9月号，日本経済新聞社
- 「イギリス繁栄はEU加盟なくしてはあり得ない」『ニューズウィーク』2016年6月28日号，ニューズウィーク社
- 「EU離脱に清き一票を」『ニューズウィーク』2016年6月29日号，ニューズウィーク社
- 「ブレグジットで英経済は「終了」か」『ニューズウィーク』2016年6月30日号，ニューズウィーク社
- 「ヤフージャパン21年目の再始動」『週刊東洋経済』2016年7月2日号，東洋経済新報社

■ URL（閲覧日：2016/11/24）
- JAXA「国際協力・アジア太平洋地域」http://www.jaxa.jp/projects/int/index_j.html
- NHK for school「正倉院の宝物　クリップ」http://www2.nhk.or.jp/school/movie/clip.cgi?das_id=D0005310025_00000&p=box
- NHK NEWS WEB「今さら聞けないTPP 4」http://www3.nhk.or.jp/news/imasaratpp/article11.html
- Sponichi Annex「キューバ選手　プロ解禁！大物が日本に来るかも」http://www.sponichi.co.jp/baseball/news/2013/09/29/kiji/K20130929006707650.html
- UNHCR「リオオリンピックに出場する10人の難民選手団」http://www.japanforunhcr.org/archives/9293
- 明石市立天文科学館「子午線のまち・明石」「明石と子午線の歴史」」http://www.am12.jp/shigosen/rekishi.html
- 朝日新聞デジタル　2016年6月15日記事「日産、バイオエタノール使用の燃料電池開発　夏に試作車」http://digital.asahi.com/articles/ASJ6G4V8NJ6GULFA02J.html
- イタリア語って面白い！とよしま洋（イタリアオペラ翻訳家）ブログ「ドレミファソラシドはイタリア語」http://aulamagna.exblog.jp/
- 岩谷産業株式会社「岩谷の水素事業」http://www.iwatani.co.jp/jpn/
- 大阪商業大学商業史博物館「近世大阪の商業　蔵屋敷1～3」http://moch.daishodai.ac.jp/index.html
- 大塚製薬 http://www.otsuka.co.jp/index.php
- 外務省「わかる！国際情勢　スーダン」http://www.mofa.go.jp/mofaj/
- 共同通信PRワイヤー「ネスプレッソと南スーダンの農民がコーヒー産業再建して前進」http://prw.kyodonews.jp/opn/release/201610055014/
- くまモンオフィシャルサイト「くまモン利用申請」http://kumamon-official.jp/
- 経済産業省「工業統計調査　平成26年確報　市区町村編」http://www.meti.go.jp/statistics/tyo/kougyo/result-2/h26/kakuho/sichoson/index.html
- 厚生労働省「平成26年度乳幼児等に係る医療費の援助についての調査結果の送付について」http://www.mhlw.go.jp/stf/houdou/0000078806.html
- 厚生労働省「都道府県別医薬品生産金額」（平成26年）http://www.mhlw.go.jp/topics/yakuji/2014/nenpo/22.html
- 裁判官弾劾裁判所公式サイト「過去の事件と判例」http://www.dangai.go.jp/
- 境港市HP「全国主要漁港取扱高順位（平成25年～27年）」http://www.city.sakaiminato.lg.jp/index.php?view=7075
- 産経ニュース「64地方空港の「赤字額」155億円超　平成25年度　毎年税金で巨額赤字を穴埋め」http://www.sankei.com/politics/news/160109/plt1601090014-n1.html
- 産経WEST【なら再発見】51　生駒山上遊園地　"84歳"　飛行塔いまだ現役　http://www.sankei.com/west/news/140209/wst1402090044-n1.html
- 島根県庁HP「島根県の高齢化率」http://www.pref.shimane.lg.jp/medical/fukushi/kourei/kourei_sien/toukei/agerate.html
- シャープHP「シャープのあゆみ」http://www.sharp.co.jp/sp/corporate/info/history/
- シヤチハタHP「シヤチハタのシルシ」http://www.shachihata.co.jp/shirushi/top.html
- 食の研究所HP 食の源流探訪「実は日本だけ？餃子といえば焼き餃子」http://jbpress.ismedia.jp/articles/-/36084
- 女性国会議員比率の動向（髙澤美有紀　国立国会図書館）http://dl.ndl.go.jp/info:ndljp/pid/9535004
- 石油連盟「石油の埋蔵量について」http://www.paj.gr.jp/from_chairman/data/20030723_1.pdf
- 石油連盟　今日の石油産業2016「石油の埋蔵量と可採年

- 数について」http://www.paj.gr.jp/statis/data/data/2016_data.pdf
- 啄木年譜稿　http://www.geocities.jp/jinysd02/takubokunenpu.html
- チロルチョコ株式会社「会社概要　沿革」http://www.tirol-choco.com/company.html#2
- ドイツ大使館ドイツ総領事館「ベルリンの壁Q＆A」http://www.tokyo.diplo.de/
- 東京メトロ「日比谷線　秋葉原駅・銀座駅、千代田線　乃木坂駅　発車メロディ導入曲決定！」http://www.tokyometro.jp/news/2016/800.html
- ドキュメント水俣病事件1873-1995「後藤孝典弁護士のブログ」http://toranomon.cocolog-nifty.com/minamatabyojiken
- 鳥取県観光キャラクター「しまねっこ」公式サイト「しまねっこの部屋。」https://www.kankou-shimane.com/ja/shimanekko
- 富山県民会館分館　薬種商の館　金岡邸「富山売薬」http://www.bunka-toyama.jp/kanaoka/pill/index.html
- 富山県民生涯学習カレッジテレビ放送講座テキスト「平成13年度　売薬　越中売薬のこころと知恵」http://www4.tkc.pref.toyama.jp/toyama/topics_flat.phtml?TGenre_ID=140
- トラベル　NIKKEI STYLE　2012年7月21日記事「「子午線のまち」といえばなぜ明石市なのか」http://style.nikkei.com/article/DGXZZO4937550Q2A720C1000000?channel=DF130120166105&style=1
- とりネット「鳥取県公式サイト　きっずらんど　県のキャラクター　トリピー」http://www.pref.tottori.lg.jp/28832.htm
- 内閣府男女共同参画局「地域別・諸外国の国会議員に占める女性の割合とクオータ制の取組」http://www.gender.go.jp/
- 名古屋城公式ウェブサイト「名古屋城本丸御殿」http://www.nagoyajo.city.nagoya.jp/honmarugoten/01_about/

- 日亜化学工業　http://www.nichia.co.jp/jp/about_nichia/index.html
- 日経電子版2014年9月22日「信長生誕地は名古屋近郊「勝幡城」有力説に地元わく」http://style.nikkei.com/article/DGXLASFD0400H_S4A910C1000000?channel=DF130120166110&style=1&page=2
- 日本銀行熊本支店「調査報告くまモンの経済効果」http://www3.boj.or.jp/kumamoto/Sonota_Kohyou.html
- 信長生誕を育む会「会報第二号「信長は勝幡城で生まれた」愛西市教育委員会　石田泰弘 http://www.ooutsuke.org
- 姫路市HP「特別史跡姫路城跡整備基本構想」http://www.city.himeji.lg.jp/var/rev0/0013/8319/kihonkouso.pdf
- ひよこ本舗　吉野堂「夢枕にあらわれたヒヨコ」http://www.hiyoko.co.jp/yoshinodo/index.html
- ふるさとチョイス　http://www.furusato-tax.jp/
- 毎日新聞「100歳以上高齢者　最多6万5692人　46年連続増」http://mainichi.jp/articles/20160913/k00/00e/040/248000c
- 毎日ことば「ネーミングライツ（2013.10.19）」http://www.mainichi-kotoba.jp/2013/10/blog-post_19.html
- 三重県「三重県の広域連携　三重県は中部地方？近畿地方？」http://www.pref.mie.lg.jp/KIKAKUK/HP/renkei/09519519011959.htm
- 宮崎大学企画総務部HP「みやだいもうくんを紹介します」http://www.of.miyazaki-u.ac.jp/~kikaku/moukun/moukun.html
- 三好市HP　http://www.city-miyoshi.jp/
- 杜の都仙台名物牛肉厚たん通販ショップ「杜の都仙台名物肉厚牛たんが使用している牛タンの産地について」http://杜の都仙台名物肉厚牛たん.com/free-0015143243.html
- 「ゆとりーとライン」http://www.guideway.co.jp

【著者紹介】
森口　洋一（もりぐち　ひろかず）
1961年　大阪市住吉区生まれ。立命館大学経営学部卒，奈良教育大学大学院教育学研究科教科教育専攻社会科教育分野修士課程修了。奈良県平群町立平群中学校教諭。

【共著】
『歴史人物42人＋α　穴埋めエピソードワーク』（明治図書）
『学習方法・学び方・調査体験活動の玉手箱　中学社会』（日本書籍新社）
『授業がおもしろくなる21中学授業のネタ　社会①世界地理・歴史・公民／社会②日本地理』（共に日本書籍新社）他

中学校社会サポートBOOKS
明日から使える！　必ず盛り上がる！
中学校社会科授業のネタ＆アイデア117

2017年2月初版第1刷刊　Ⓒ著　者　森　口　洋　一
　　　　　　　　　　　発行者　藤　原　光　政
　　　　　　　　　　　発行所　明治図書出版株式会社
　　　　　　　　　　　　　　　http://www.meijitosho.co.jp
　　　　　　　　（企画）茅野　現　（校正）小松由梨香
　　　　　〒114-0023　東京都北区滝野川7-46-1
　　　　　振替00160-5-151318　電話03(5907)6701
　　　　　　　ご注文窓口　電話03(5907)6668
＊検印省略　　　　　　組版所　藤原印刷株式会社
本書の無断コピーは，著作権・出版権にふれます。ご注意ください。

Printed in Japan　　　ISBN978-4-18-244611-5
もれなくクーポンがもらえる！読者アンケートはこちらから →